心理カウンセラー
心屋仁之助
Jinnosuke Kokoroya
和田ゆみこ
Yumiko Wada

ココロでやせるダイエット

一生太らない生き方

PHP研究所

ダイエットで成功した人は山ほどいるのに、なんで私はできないんだろう……？
そもそも、なんで太らない人がいるんだろう。
世の中ってホントに不公平。
あ～、私って、一生このままなのかなあ……。

こんな、かつての私に共感してくれたあなたに、この本を贈りたいと思います。

あなたがダイエットに成功できずにリバウンドを繰り返してしまう「ダイエット・ジプシー」になっている理由は、
「自分に合わないダイエット方法」や
「意志が弱いから」ではなく、
もっと深い、「心のあり方」の中に隠されているかもしれません。

はじめに……「そもそもが間違っている」から、やせられない

心理カウンセラーの心屋です。

心理カウンセリングをしていると、「やせられないんです」なんていう悩みも当然あるわけです。

で、色々とお話を聞いていくと、ダイエットの問題って、結局はダイエットの問題ではないわけです。

ダイエットの問題ではないというのは、食べ物の問題とか、運動量とか、代謝とか、そういう「物理的」な悩みではないということです。

ええ、もちろんゼロではないので、両方取り組んでいく必要はあるのですが、今までの問題解決の中で、僕が確実に感じていることは、「太る」というのは「考え方の問題」で

あるということです。

じつは、心屋自身、2011年にダイエットをして、10キロ以上のダイエットに成功し、以来、その体重は保っています。

その経験をふまえてみても、やはり、太る、やせられない、食べるのをやめられない、というのは「心の問題」であるということ。

心の問題、というのは、いわゆる「心が病んでいる」というのではなく、「そもそもが間違っている」ということ。

そもそもが間違っている、というのは、例えば「女性」のあなたが、「自分のことを男性だと思っている」というぐらいの、「そもそも」ということです。

で、「頭」では「男性」だと思っている、でも、自分は、「女性」だから、綺麗にしようとしてみたり、オンナらしいしぐさをしようとしてみるのだけれど、うまくいかない。

何か、フィットしない、という状況でずっと悩み続けている、ということ。

つまり「大前提」ということです。

で、太って、やせられない、食べるのが我慢できない人は、大前提が間違っているのです。だから、際限なく食べてしまう。

食べるのを制限しているのに、いつまでもやせられない、という、「あなたの大前提」が「あなたの現実」を作っている、ということです。僕自身、２０１１年に、そこに気づいてしまったのです。

そこに気づいてからは、食べ物に関することや、体やダイエットに関することはもちろん、**その「大前提」が、自分の人生全般に影響している、ということがわかったのです。**

つまり、自分の人生におけるさまざまな問題、たとえば、人間関係、夫婦関係、親子関係、病気、お金、などなど、さまざまな問題が「大前提」を変えることで、ダイエットだけではなく、人生全般が変化する、ということがわかったのです。

今回は、そんな人生全般について語るのではなく「ダイエット」という視点から入って、そのあたりに自動的に作用すればいいなと思って、お話をお受けしたわけです。

つまり「考え方ダイエット」ですね。

そんな本をいつか書いてみたいなぁと思っていた矢先に、その心屋の考え方を取り入れたダイエットを実践された女性がおられたので、これは、実体験はこの方にお任せして、僕は解説側に回ることでより説得力が出るのではないかと思ったのです。

「心のあり方」「考え方」を変えると、ダイエットどころか人生が大きく変わるということを、僕以外の体験で証明してくれたわけですから。

じつは、この原稿ができあがる少し前に、うちの妻がこの本の原稿をパラパラと読みながら「なんか、すごくこの本長くない?」と言いました。

本の分量って、だいたい決まっていますし、今まで心屋の本を読んでもそんなことを言わなかった妻がそう言ったわけです。

「ん? なんでそんなことを言う?」と聞いたところ、「だって、こんな当たり前のこと、延々と書かれても面白くなーい」と言うわけです。

一瞬イラッとしました。

太っていた僕にとっては、これは素晴らしい内容だとわかるからです。「それができないから苦労してきた」「それができるようになる」内容なのですから。

でも、じつはここに、この本の真実があるのです。

うちの妻は、子供の頃からやせていて、体重も体型もずっと変わっていないらしく、基本、体重も量らないのですが、今もスリムな体型を保っています。

これが答えなのです。

つまり、「太ってしまう人と、太らない人は、大前提が違う」ということです。

だから、**太ってしまう人は「やせている人の大前提」をインストールする必要があるのです。**そして、今回のキーワードの一つでもある「やせの大食い」が、うちの妻なのです。

でも、新しい大前提をインストールするためには、古い大前提を、古い自分の「常識」を削除しないといけないのです。

これが、難しい。つまり「今まで正しいと思っていたこと」「今まで避けてきたこと」に取り組む必要があるということです。

あえて言いますが、デブ（太っている人）は、言い訳が巧妙です。

自分が、イヤなことに取り組まないためにはどんなことでもやります。

僕自身も、ダイエットをしていたときにラッキーだったのが、「妻の食生活を見習えた」ということと、やせている人の「常識」「当たり前」「大前提」を日々学ぶことができた、という点です。

デブっていた僕は、その妻の常識に対して色んな抵抗を試みたのですが、その「勘違い」と「言い訳」は見事に覆されていったのです。

それと同じ内容が今回の和田さんの体験に入っているわけです。

今回は、同じようにその言い訳を一つ一つつぶしながら、あなたの中の「大前提」「常識」「標準」を塗り替える、そんな知恵を、今までのダイエット本にはないアプローチでお届けできればと思っています。

楽しみにしてくださいね。

心屋仁之助

目次

第1章 「心のあり方」を変えたら、やせられた

第2章 「なりたい自分」を選びなおす！

第3章
「心のあり方」を変えて、ダイエットしたい人へのアドバイス

装幀――根本佐知子(Art of NOISE)
装画――AKIKO。

※医師や管理栄養士等から、食事の指導を受けている方は、その指示に従ってください。

第1章

「心のあり方」を変えたら、やせられた

太っているせいで、今を楽しみ切れなかった私

かつての私にとって人生最大の謎。

それは「やせの大食い」の存在でした。

小さい頃から、食べることが大好きで、ぽっちゃり体型に悩んでいた私は、そんな人たちのことを「食べても太らないっていうだけで人生の3割は得してるよなあ〜」と思っていました。普通〜スリム体型の友達たちが本当にまぶしくてうらやましかったのです。

でも、そんなみんなも、

「チョコレート大好きで、板チョコなんか一気に食べるよ〜」

「スイーツ大好きで、それだけはやめられない！」

「この前ケーキバイキング行ってきたよ！」

「居酒屋行ったら絶対から揚げは頼む！」

と言っているのに、太っていない……。

一方私は、食べることが大好きなうえに、とてもストレスをためやすい性格で、中学生の頃から過食（※いわゆる「過食症」ではなく、「大量に食べてしまう」状態でした）の繰り返し。身長154センチでピークの体重は72キロ。

多少頑張ってダイエットをしてもぽっちゃり体型の壁から抜け切れない。

みんなどうして、食べているのに普通～スリム体型なんだろう？

私にはもう不思議すぎて、うらやましすぎて……もう一生、ぽっちゃり体型のコンプレックスと付き合っていくしかないのかなあ……と諦めかけていました。

20代までの私は、過食が始まると、長期間やめることができずに、1ヵ月で5キロも太ってしまったこともあります。過食がおさまっている時期でも、頻繁に食べすぎてしまう日々を過ごし、体重は60キロ前後。ちょっと頑張ってダイエットしても、体重55キロ前後のぽっちゃり体型でした。

そんな私がいつも感じていたことがあります。それは、食事をするたびに、服を買いに行くたびに、ことあるごとに頭に浮かぶ、

「やせたい」「やせたらもっと楽しいのに」という思い。

いつも「太っているせいで、今を楽しみ切れない」というもやもやとした感覚。

たとえるなら、週末にすごく楽しみな予定があって、「早く週末にならないかなあ」と残りの平日を雑（仕事をしていても「早く終わらないかなあ」とばかり考えてうわのそらでやっつけている状態によく似た感覚）に過ごしてしまう……ということが人生そのものに起こっている感覚です。

「早く週末にならないかなあ」＝「やせて自分に自信を持てて、何をしても楽しい毎日にならないかなあ」

だから、「週末までの平日＝太っている今」をどこか雑に過ごしてしまう……。

「やせた後」に待っているであろう理想の日々を考えるばかりで、今目の前で起こっていることを幸せ・楽しい、と心の底から思えない。

いつも「何かが違う」「こんなはずじゃない」という思いを抱えながらの、「人生うわのそら」状態の毎日。

こんな毎日から早く抜け出したい……。

そのために、ダイエット方法は今までいくつも試した。

でも、リバウンドの繰り返し……。

「○○がダイエットにいい」なんて、もうわかってる。

そんなのはもう飽きるほどやってきた。

でも、**なぜかわからないけど、リバウンドを繰り返してしまう。**

そんなことを考えながら、何度もダイエットを繰り返すので、ダイエット方法にはどんどん詳しくなっていきます。

食べ物や運動についての知識もどんどん増えます。

そして次第に、自分の頭の中にダイエットとはこうだ、という自分にとってのダイエットの常識ができあがっていきます。


そしてまた、ダイエットしてはリバウンドをして、また前と同じ方法で頑張ってみたり、別の方法で頑張ってみたりするのですが、同じ結果になってしまいます。

ダイエットに関する知識や信念だけは、確固たるものがあるにもかかわらず、です。

それを繰り返すうちに、ダイエットに心底疲れ果て、自信を失い、ますます自分のことが嫌いになっていきました。

しかし、そんな私は、変わりました。

いつもダイエットに悩んでいて、リバウンドを繰り返して、自分に不満を持ち「本当の私は、こんなはずじゃないのに！」という不自然な感覚に苦しんでいた私が、ダイエットを成功させ、リバウンドせずに、楽に体型を維持することができるようになりました。

しかも、

「食べたいものを我慢せずに」

「特別な運動もせずに」

です。

なぜなら、「楽に体型を維持できる体質」になったからです。

私と同じようにダイエットに悩んできた方は、これを聞いてもすぐには信じられないですよね。

きっと、

「でも、我慢せずに食べたら太るよね？」

「やせているのは体質だから、太りやすい体質の自分には無理だよね？」

「そもそも、頑張らないとダイエットを成功させたり、それを維持していったりするなんてできないよね？」

と思われたことでしょう。

私もずっとそう思っていました。

でも違うんです！

今、同じように感じているみなさんに、声を大にして言いたいです！

「我慢をせずに食べたいものを自由に食べて、ダイエットを成功させ、リバウンドせずに楽に体型を維持すること」

そして、「そういう体質になる」ことは本当にできるのです！

「心のあり方」が、ダイエット成功のカギ

ピークの体重は72キロだった私。必死にダイエットと戦っていたのに、リバウンドを繰

り返してぽっちゃり体型の壁から抜け切れなかった私。

そんな私の現在の体型は、身長154センチ、体重49キロ、ウェストは63センチの、「服のサイズが、ちょうどMサイズ」の体型です。

ダイエット・ジプシーからの卒業を決意し、約半年で60キロから49キロになったのですが、この半年のうちに、私のダイエット人生を大きく変える様々な気づきがあったのです。


「我慢をせずに食べたいものを自由に食べて、ダイエットを成功させ、リバウンドせずに楽に体型を維持すること」

そして、「そういう体質になる」。


これを体得すると、「太るから○○を食べてはいけない」「ダイエットのために○○を食べなければならない」「やせるために運動をしなければならない」等々……今まではそうしないとやせられないと思っていた、「ダイエットの常識＝～しなければやせられない」や、**「努力して、我慢して、頑張らなければならない大変なダイエット」から解放されます。**

本当にこんなことができるのでしょうか？

その大きなヒントが、「心のあり方」にあります。

私は、運動や栄養学の専門家ではありませんし、エステティシャンでもありません。ですので、こういう食事内容や運動を取り入れればやせますよ、という科学的根拠に基づいた指導であったり、こういうマッサージをすればサイズダウンしますよ、ということを教えることはできません。

しかし、私は実体験を通して、ダイエットにはそういった「科学的な根拠」がないところ、つまり、ダイエットができない、または一時的に成功してもリバウンドをくり返してしまう最大の原因だと思われる、「なぜ食べてしまうのか自分でもわからない」「わかっているのに、どうしても食べてしまう」といった、どんなダイエット方法に取り組むのか以前の、「説明できない気持ちの問題」を引き起こす「心のあり方」に、ダイエットが成功するかどうかの秘密が隠されていると確信したのです。

私はこの「心のあり方」を変えることで、ダイエットを成功させ、しかも、楽に体型を維持できる体質になることができたのです。

「我慢せずに自由に食べて、ダイエットを成功させ、楽に体型維持できる体質になる」

再度申し上げますが、これは本当にできます。

さんざんダイエットに悩み、リバウンドを繰り返してきた私ができたのですから、あなたにだって、きっとできます。

では、どうしたらそれができるのでしょうか？

それをお伝えするために、まずは、私が歩んできたダイエットの紆余曲折を一緒に読んでいただきたいと思います。

ダイエット・ジプシーからの卒業を決意

ずっとダイエットに悩んでいて、自分自身にも不満を抱え、辛い思いをしていた私。

それでも人生を楽しもう！ と、ぽっちゃり体型でもできる範囲のメイクやファッションなどの努力をし、自分のコンプレックスと戦いながらも、それなりに恋愛もし、28歳のときに結婚しました。

結婚式のときは、「やせなきゃ」というプレッシャーに負けてしまいダイエットに失敗。体重は62キロの、「ぽっちゃり花嫁」でした……。

結婚して、結婚式もして、それなのに……「やせていない」から、幸せになり切れない自分がまだ、いました。

その後、31歳のときに子供を授かりました。

妊娠する前にダイエットをしており、53キロまで体重を減らしていたのですが、産後3ヵ月のときの体重は62キロ。妊娠～出産で9キロもリバウンドしてしまったのです。

出産後の子育ては私にとっては思っていたほど大変なものではなく、元気な赤ちゃんと毎日楽しく暮らしていました。でも、出産後1ヵ月ぐらいから、また過食が始まりかけてしまい、じわじわと体重が増え始めてしまいました。

授乳中のせいもあったかもしれませんが、とにかく、ご飯とパンと甘いものが食べたくて……。

妊娠後期は、妊婦健診で見かけるスリムな妊婦さんたちを見ては落ち込み、出産後の1ヵ月健診、3ヵ月健診でも、スリムなママさんたちを見ては落ち込んでいました。

「ああ。このままじゃまた、前みたいに太ってしまう……」

やせなきゃ、やせなきゃと思うほど、食べてしまう。

過食が始まると、一日のほとんどの時間を「食べたい。でも食べてはいけない。また太る。怖い。でもどうしても食べてしまう」という感情に支配され、食べすぎによって体は辛くなり、幸せなはずの毎日をとても苦しい気持ちで過ごしていました。

そんなとき、せめてもの気分転換にと、私の憧れの美魔女美容師さんの美容室に行きました。

いつもと同じ髪形にしてもらっていると、なぜか**「ショートカットにして、すっきりした体型になった私」のイメージが突然に、しかも鮮明に頭に浮かんできました。**

それまでにも、私は何度も、何度も、何度も「ダイエットに成功したい」と思ったことがありました。

しかし、何度も、何度も、何度もダイエットに成功しかけてはリバウンドしていました。

でも、そのとき感じたことはそれまでとちょっと違いました。

それまでの私はダイエットをしようとしても、「ダイエットをしたら好きなように食べられなくなるから辛い」と思い込んでいて、その辛さが勝ってしまっていました。

ダイエットの辛さのほうがやせたい気持ちを上回っていたのです。

しかしこのときは、それまでと違い、「ダイエットは辛い」という気持ちよりも、

「過食で自分を責めて傷つけることが辛い！」

という気持ちをはっきりと感じました。

「ショートカットにして、すっきりした体型になった私」のイメージは、そんな私の「心の変化」からやってきたのだと思います。

「もう私はダイエットで悩みたくないし、自分をこれ以上傷つけたくない！　人生をもっともっと楽しみたい！『ダイエット・ジプシー』から卒業するんだ！」

と心底決断したのです。

このときの私は身長154センチ、体重は60キロでした。

「ダイエット・ジプシー」からの卒業のためには、「短期間勝負のダイエット方法ではなく、自分にとって一生続けられる方法」が必要だと考えた私がまずはじめにしたことは、「今の自分の食生活や生活習慣の分析」でした。

自分の食事や生活習慣のいいところと、直したいところを紙に書いてみたのです。

すると……

●いいところ

- 料理が好き、料理ができる
- ファストフード、コンビニ弁当、出来合いのお惣菜はほとんど食べない
- ◯◯の素、ソース類、冷凍食品やレトルトもほとんど使わず、手作りしている
- 健康的な食事が好き
- 動くことも好きなほうで、家でごろごろすることはほとんどなく、家事などにいそしんでいる
- 夜食の習慣がない

・ジュース類を飲む習慣がない
・姿勢がよい

●直したいところ
・お腹が空いていなくても食べてしまう
・甘いものがやめられない
・炭水化物の摂取量が多い
・早食い

こんなふうにリストアップして自分の現状を客観的に把握し、甘いものと炭水化物の食べすぎ、早食いのためにさらに食べすぎてしまう、というところが太っている原因だと思ったので、そこを改善して減量しよう！　という作戦に出ました。

そこで組み立てたダイエットメニューは、生活の範囲内でできる、階段を使ったり、一駅分歩いたりするなどの運動と、甘いものや炭水化物のとりすぎをやめて栄養バランスを考えた食事をきちんととる、という王道のダイエット方法でした。

そして、最初の2ヵ月半で約4キロの減量ができました。

なかなかの順調な滑り出しです。


しかし、私の心の中では、何かがずっとひっかかっていたのです。

そのひっかかりを言葉で表すと、

「ダイエットは順調なのに、ふと、何かが不安になってしまう」

というような感覚です。

結果は出ているのに、なぜか、もやもやとするのです……。

私はそれ以前にも、ダイエットを決意するたびに、「今度こそは絶対やせる！」と言いながらも『でも、どうせまた失敗するんだろうな……』と心のどこかで思っていました。


このときに感じていたもやもやとした気持ちは、「今までにもダイエットを決意したときに思っていた、『どうせまたリバウンドするだろうな』がまた出てきたんだろうな」というものでした。

そして、「今回こそは、『どうせまた……』からも卒業するんだ！」と気を張って、自分自身と戦っていました。

「絶対ダイエットに成功してみせる！」という意志の力で、そのもやもやとした気持ちを抑えようとして頑張っていました。

でも、そんなとき突然、私のダイエットを大きく変えるきっかけとなる、一冊の本との出会いが訪れたのです。

ついにわかった！　ダイエットに成功しなかった理由

それは、たまたま友人に「すごく面白いから読んでみて！」と勧められた、心屋仁之助先生の『「好きなこと」だけして生きていく。』（ＰＨＰ研究所）という本でした。

以前より心理のことにとても興味があった私は、「心屋先生って、ＴＶ出演されていたあの先生かあ。読んでみよう！」と、さっそく読んでみました。

すると、

「本当に好きなことをやるためにはそれとセットになっている一番嫌なことをやらなければならない」

という考え方が書いてありました。

私は以前から、本やテレビ、人との会話の中で、印象に残る言葉や考え方に出会ったときは、「この言葉、考え方は、自分だったらここに当てはまるかな？」と考えることが習慣になっていました。

私にとって印象に残る言葉や考え方というのは、「見聞きしたときに、胸がざわざわする」「何かがひっかかった感じがする」「胸に刺さるような感覚を覚える」言葉や考え方です。

そういう感覚が起こるのは、「自分にとって必要で、自分と向き合うヒントが含まれている言葉や考え方」であるからだという基準を持っていました。

このとき、心屋先生の本で出会った「本当に好きなことをやるためにはそれとセットになっている一番嫌なことをやらなければならない」という考え方はまさに、私にとってぐさっと胸に突き刺さるような感覚と胸がざわざわとする感じを覚えるものだったのです。

さっそく、その考え方を自分のことに当てはめてみました。

「本当に好きなことをやる」という部分を、「私が一番したいことを実現する」という意味にとらえて考えてみたのです。

「私が一番欲しいものは『ダイエットの成功』。でも、今まではできていなかった。だったら、ダイエットの成功とセットになっている一番嫌なことって、私にとってなんだろう？」

しばらく考えた私は、20代前半の頃のある出来事を思い出しました。
このときの私は、ぽっちゃり体型でも自分の魅力を探して自信を持とう！　と自分を奮い立たせていた時期で、バストが大きいということを自分の魅力、としていました。
女子同士の話の中で、「胸があっていいな～」と言われることが何回もあったのですが、そう言われたときには、「胸なんて体の面積の10％ぐらいしかないし、私なんてその10％以外は全然だめだよ～！」と答えていました。

これを思い出したとき、私ははっと気づいたのです。
「そうか……私、ダイエットに成功してやせたら胸がなくなって、自分の魅力がなくなるからやせたくないと思っていたんだ……」

その証拠に、ＴＶや街中などですごくやせていてバストが大きくない人を見つけては

「細すぎて魅力がない」と思っていたのです。

やせすぎておらず、ほどよい体型のいいお手本になる人たちがたくさんいるにもかかわらず、「細すぎる人」に注目し、自分と比べて「私のほうが魅力がある」と思うことで、何とか自分に価値づけようとしていたのです。

「やせたい、やせたいと願いつつ、じつはダイエットに成功することを否定していたなんて……」

ダイエットをやり切ることができず、リバウンドを繰り返す原因を作っていた、自分の心に潜んでいたものに気づいた瞬間でした。

「今までは、ダイエットをするぞ！　とアクセルを踏んでも、『ダイエットに成功したら魅力がなくなる』という気持ちがブレーキをかけていて、進まない。

ブレーキのほうがアクセルを上回っているから、結局、後退（リバウンド）してしまう、という状態だったんだ！」

それまでは、「ダイエットに成功したい！」と思っていながらそんな思いを抱えていたなんて、気づきもしていなかったのですが、気づくことで、私は変わり始めました。

心屋仁之助

驚きですよね。そうか……、「私、やせたら胸がなくなって、自分の魅力がなくなるからやせたくないと思っていたんだ……」

ですと。

そう、自分の知らないところで「やせないことのメリット」があったから「やせないと自分で決めていた」ということですね。

心理学の世界では「問題にはメリットがある」という話もあるのですが、まさにその通りです。

やせると自分の魅力がなくなってしまうとは、これは一大事ですから、意地でもやせるわけにはいきませんよね。

だから、なかなかやせることのできない人は、これと同じか、もしくは別の「メリット」があるということに、気づいてみてほしいのです。

たとえば、この内容の中にもありましたが、「でも、どうせまた失敗するんだろうな……」というセリフです。つまり**「ダメな自分を確認したい」**という、世にも恐ろしい動機があります。

「わたし、ダメなんだ」という「大前提」をいつの頃からか持っていて、「ダメな自分」という前提の自分が、うまくいくとおかしいわけです。

前提が崩れるから。だから「前提」に従って「ダメであり続ける」ために、「わざわざダイエットに失敗する」という「必要」があるわけです。で、「やっぱり」と思う。

子供の頃に、どこかのタイミングで「自分はダメなんだ」「何をやってもダメなんだ」という「大前提」をインストールしてしまったようですね。

だから、当然「自信がない」。でも「前提」からすると、自信を持ってはいけないのです。

前提がダメだから。

さらにいくと「ダメな自分前提」だから、幸せになってはいけないという恐ろしい呪いも持っています。

だから、「やせないと幸せになれない」と、自分の欠点をクローズアップし、やせないためにあの手この手を使います。そのうえで「あの手この手を使ってもできない自分」まで演出するわけです。

ええ、変態ですね。だから、そんな、ぽっかり空いた満たされない自分の心の穴を埋めるために食べ物を食べることが過食でもあり、太ることで、鎧をつけて安心するという、つまり「何かが足りない自分」という「大前提」でもあるわけです。

何かが足りない自分、これは僕自身も持っていた前提でした。だから、その足りない部分を埋めるために、努力し、苦労し、資格や技術や知恵を身につけて「補おう」と必死になって、それでもまだ自信が持てなくて「もっともっと」「まだまだ足りない」という、足し算のループに落ちていたのです。

で、埋めても埋めても埋まらない、それをまた食べ物でも埋めようとして、結果として、役に立たない鎧をたくさん手にし、肉の鎧（脂肪）を身につけたのです。

つまり、「本来必要のないもの」を躍起になって取り入れようとしていたということです。「そのままの自分」「ありのままの自分」に自信が持てないから、足し算、足し算、足し算、で自分を大きくするしかなかった。で、体も大きくなった。

本来必要のないものを身につけているわけですから、色んなバランスも崩れてきます。

これは、お金についても言えるわけです。

貯めても貯めても安心できないし、もちろん少ないと安心できない。「自分は足りない」と思っているから、集めることと貯めること、使わないことに躍起になるわけです。

「減らさないこと」に躍起になる。だから、脂肪でさえも減らしたくないわけです。

減らしたら、ダメだと思っていたわけです。


減るはずないですよね。

僕の場合、この仕組みに気づいたのは「断食」でした。

自分にとって一番の「ありえないこと」「イヤなこと」、へたしたら「死んでもやりたくないこと」が「食べない」ということでした。


でも、考えるとものすごく単純なんですが、ダイエットに一番必要なことは「食べない」ということなんですよね。

でも、太っている人はそれがイヤだから「食べる量を極力減らさないように」考えて、燃費の悪いエネルギーをたくさん消費する体質の体を作ろうとしたり、おかしなことをするわけです。そう、太っている人は「とる必要のないカロリー」を大量にとって、ため込もうとしているのです。

それが「そうか、必要ないんだ」「なぜなら、体にいっぱい、すでにあるじゃないか」「これを使えばいいんだ」に気づいたということです。


貯金と同じです。貯金が減るのがいやだから、稼ぎ続けないといけない＝食べ続けないといけない、食べないなんて、稼がないなんてありえない、というつながりです。稼がず、食べず、「今持っているもの（お金や脂肪）」を使うことが大切なのです。

稼がなくても、お金はある、食べなくても、脂肪はある、そして、やせなくても自分には魅力がある、頑張らなくても、周りの評価はある、と「ない前提」から「ある前提」に変わる瞬間が必要なのです。


これは、「努力をやめる」「足し算をやめる」ということでもあります。

逆に、今まで足し算で集めてきたものを捨てていく、使うということでもあり、＝やせていく、ということにつながるのです。怖いですよね。

努力をやめて、楽をする。ラクをするとまた太ってしまう、という考えにつながる人もいると思うのですが、ここで言う「楽」とは、太っている人の考える「楽」とは「前提」が違うのです。

彼女も書いていましたが、あれは「いけない」これも「いけない」これをしなければ「いけない」と、色んなことを縛っていました。これを「いい」と許していくことが「ラクをする」ということなのです。

それでは、続きを読んでみましょう。僕の言葉では「前提」ですが、彼女は「思い込み」と表現されています。

自分でも気づいていなかった、ダイエットの成功を邪魔する心のあり方に気づきはじめ、心屋先生の「本当に好きなことをやるためにはそれとセットになっている一番嫌なことをやらなければならない」という考え方を自分自身のダイエットに当てはめてみると、

「私がやりたい本当に好きなこと＝一番欲しいことはダイエットに成功すること」

↓

「でも、ダイエットに成功してやせたら胸が小さくなるかもしれない」
↓
「私が自分の魅力としていたものを失うかもしれない」

これが、「ダイエットの成功とセットになっている私にとって一番嫌なこと」だと私は考えました。

そして、心屋先生の本には、

「嫌なことが怖くても、踏み切らないと新しい世界は始まらない。

『もしそうなったら』はそのときに考えよう」

という考え方も書いてありました。

確かに、その通りかも……と感じた私は、

「じゃあ、ダイエットに成功してやせることが怖くないように、今まで思っていたこととは逆のことを自分に言い聞かせてみよう！」

と、「自分自身へかける言葉」を変えてみました。

「やせたら私の魅力が減る」「やせすぎは魅力がない」をやめて、

「10キロやせたところでいきなりAカップにはならない」

「予想以上にバストが小さくなったとしても、バストアップのケアをすればよい」

「そもそも、胸が小さくなったところで、私の魅力は減らない！」

「やせたほうがもっともっと魅力的になる！」


これを数日続けていると、ダイエットに成功することへの抵抗感がかなり軽減された感覚がありました。


それまでの私は、ダイエットの成功体験を雑誌などで読んでも、「そんなに順調にいくわけないでしょ！」と思っていました。

でも、このときは、「そうか、心の中の、ダイエットを邪魔しているものに気づいて、それがただの思い込みだとわかったら、意外とスムーズにダイエットできるものなのかも」と感じたのです。


このときの「やせて胸が小さくなったら魅力がなくなる」と自分で何度も何度も思考していたことにより、「やせることは自分にとってよくないこと、なぜなら魅力がなくなるから」という思い込みを作っていたという気づきをきっかけに、**「自分の心、考え方の癖や思い込み」がダイエットの成功に大きくかかわっている**と考え始めた私は、それまで無意識に自分自身にかけていた言葉に注意して過ごすように心がけました。

すると、私のダイエットの妨げになっていた様々な思い込みがいくつも見えてきました。

前述の、「やせたら自分の魅力がなくなるんじゃないか」という思い込みは、私の心の中に潜んでいるもののほんの一部にすぎなかったのです。

では、他にどんな思い込みがあったかというと、私は「大量にあるものを何日かかけて少しずつ食べる」ということがどうしてもできませんでした。

絶対に一気に食べてしまうので、なるべく買い置き・作り置きはしないようにしていたのです。

そんなある日、某アメリカ系大型スーパーに行ったのですが、大量に入っている美味しそうなパンを見て、「買いたいけど……でもたくさんあったら食べすぎちゃうから……」と泣く泣く購入を我慢しました。

「私もちょっとずつ食べられる人だったら、こんなに我慢しなくていいし、太ることもないのに……」と、辛い気持ちになりました。

「これを解決するには、私もちょっとずつ食べられるようになればいいはずだ」と考えた私は、そんな食べ方をしていると言っているスリム体型の友人に、どうしてそれができるのかを聞いてみました。

すると、「小さい頃に兄弟でおやつをきっちり分けて食べていたから、一袋一気に食べる習慣がないいんだよね。それに、同じ味が続くのは飽きるから、ちょっとずつ食べるのが好きかなあ」という答えが返ってきました。

その答えを聞いて、「そうか〜、私にはそれが難しいんだよなあ……私もなんとかそうできるようにならないかなあ……」という考えがすぐさま頭に浮かんできました。

このときの私は、それを「やせられない理由」と思い込んでいました。

「私は買い置きしたら一気に食べてしまって、ちょっとずつ食べられないからやせられない」という言葉を自分自身にかけ続けていたのです。

しかし、前回の「ダイエットに成功してやせたら魅力がなくなるから、実はやせたくない」という思い込みに気づいた経験を思い出し、

「ん？　まてよ？　私、もしかして、『ちょこちょこ食べができない』というのを『太っている理由』だと思い込んでいるだけかも？」

と考えなおしてみました。

「『ちょこちょこ食べができない人』＝『太っている人』というのは果たして事実なのだろうか？」と、自分の頭の中をちょっと疑ってみることにしたのです。

冷静に考えると、普通〜スリム体型の人はみんな、どんなにご馳走が目の前にあっても厳しく自分を律し、一度に食べる量は少量で、ヘルシーな食事を徹底したストイックな生活を送っているのでしょうか？

もちろん、プロのモデルさんなど、職業柄ストイックな生活を送っていて、常に自分の食欲を厳しく律し、体型を維持している方もいらっしゃるでしょう。

でも、普通〜スリム体型の人でも「これだけはやめられないから気をつけている」ということのひとつやふたつあるはずです。

私自身も、普通～スリム体型の友人たちが言う、

「チョコレートやめられな～い」

「ファミリーパックのお菓子、一人で食べちゃった～」

「だから、なるべく仕事帰りにコンビニには寄らないようにしてる」

「大好物のお菓子があるんだけど、スーパーで特売になってるときにしか買わないようにしている」

という話を今までに何度も何度も聞いてきました。

「そうか！　ちょこちょこ食べができないことが、即、太っている理由になるとは限らないんだ！」

確かに、目の前にある食べ物を一気に食べてしまうよりは、ちょっとずつ食べたほうが太りにくいのですが、だからと言って、それが太っていることのすべての原因ではないと気づいたのです。

それに、よく考えてみると私はパンが大好きでパンの味にはうるさいので、お気に入りのお店のパンが一番好きなのです。

なのに、「わざわざ」一気に食べてしまいそうなその大量のパンを買おうとして、「わざわざ」それを「やせられない理由」という問題にしていたのです。

「なんだか、私ってことあるごとに『自分が太っているための理由』を自分で探していたのかも……」と感じました。

こう感じた私は、次に、「じゃあ他にも、自分で勝手に思い込んでいる『太っている理由』があるはずだ」と思い、それを探してみることにしました。

すると、面白いほどにいくつも見つけたのです。

私が、「太っている理由」と自分で勝手に思い込んでいたことを！

- 甘いものが好きだから
- 料理が好きだから
- 食べる量が多いから
- 目の前の食べ物を我慢できないから
- 小さい頃のトラウマがあるから

●お腹が空くまで待てないから
●ストレスをためやすいから
●お通じがあまりよくないから

ざっと紹介できるだけでも、こんなにありました。

そして、その理由の後に必ずつくのが、

「だから、私は太っている」。


でも、このとき私は気づいてしまったのです。

「甘いものが大好きでもやせている」人はいる。

「お腹が空いていなくても、目の前に好物があったら食べてしまうのにやせている」人はいる。

「小さい頃のトラウマがあってもやせている」人はいる。

「ストレスをためやすくてもやせている」人は、いるのです。

ＴＶでもそんな人をたくさん見ますし、自分の周りにも、そんな人はたくさんいます。

でも、「そんな人たちがいるのに、全然見えていなかった」のです。

なぜなら、私が自分で勝手に、それらを「私にとっては疑いようのない太っている理由」だと思い込んでいたからです。

「やっぱり、私は自分でわざわざ太っている理由を見つけていたんだ」

とわかった私は、

「そもそもどうして私はそんなに『わざわざ太っている理由を見つける私』になっていたんだろう?」

と疑問に感じました。

頑張っているのに太っている、傷ついてかわいそうな私

一番最初に気づいた心のブロックである、

「ダイエットに成功してやせたら自分の魅力がなくなってしまうのではないか」という思い込みを作り上げ、その他にも数々の「私は○○だから太っている」という思い込みを作って、そこまでして「太っている理由」を一生懸命探していたのはなぜなのでしょうか?

その理由を探っていくと、さらに、自分でも驚くような数々の「思い込み」が見えてきたのです。

26～27ページの、私の食習慣・生活習慣のいいところ・直したいところを書いた部分を思い出していただきたいのですが、私の習慣は結構いいところも多い。でもやせない。

そんな状態がずっと続いている。

いいところも結構ある食習慣・生活習慣を持っているのに、太っている。

ということは……?

自分の心を注意深く探っていくと、

「健康的な食生活を頑張っているのに、太っている」

「みんなもっと不健康なものを食べているのに、太っていない」

「なんで私は……」「頑張っているのに……」

そこにいたのは、

「頑張っているのに太っている、傷ついてかわいそうな私」

でした。

このとき私は、以前から精神世界のことを書いた本などで目にして知っていた、「顕在意識と潜在意識という心の仕組み」の話を思い出しました。

それは、

「人の意識は5％の顕在意識（いつも認識できる意識）と95％の潜在意識（無意識）でできており、潜在意識で信じていることが人の行動を決めている。いくら5％の顕在意識を使って行動を変えようとしても、95％の潜在意識が変わらないと、なかなか行動を変えることができない」

「潜在意識は『いい』『悪い』がわからないので、たとえ顕在意識では『悪いこと』とわかっていることであっても、潜在意識が信じていることはなかなかやめることができない」

「潜在意識が、自分の行動に影響を及ぼし、結局は潜在意識で信じている状態を自らの行動によって創り出してしまう」

というものです。

実は以前にも、ダイエットに成功できないことが、こういった「自分が潜在意識で何を信じているか、という『心のあり方』」にあるのではないかと、思ったことがあったのですが、結局、自分が潜在意識では何を信じているのかはわからないままでした。

しかし、このときの私は、心屋先生の「一番欲しいものを得るためにはそれとセットになっている一番嫌なことをやる」「一番したいことをするためなら損をすることをいとわない」という考え方との出会いをきっかけに、

「ダイエットに成功してやせたいと思いながらも、実は、やせたら自分の魅力がなくなるから太っているままのほうがいいと心の底では思っていた」

「ダイエットに成功してやせたいと思いながらも、実は太っているための理由を一生懸命探して太ったままでいようとしていた」

という気づきを得たことで、自分の「心のあり方」をとらえるコツをつかんでいたので、「自分の潜在意識がいったい何を信じているのか」＝「自分の心のあり方がどうなっているのか」ということが、それまでよりもだいぶわかるようになっていたのです。

私のダイエットにおける「心のあり方」がどうなっているのかというと、

「私の５％の顕在意識ではいつもやせたいと思っている。

でも、95%の潜在意識が、やせたくないと思っている」

そして、やせたくないと思っている95%の潜在意識とは、私の中にいるもう一人の私なのです。

そのもう一人の私（潜在意識）は、「私は頑張っているのに太っている、傷ついているかわいそうな人だ」と信じている、ということに気がつきました。

この私（潜在意識）は、さきほど書いたように、「いいことと悪いことの区別なく、信じたことをそのまま実現させる」という力を持っています。

だから、「頑張っているのに太っている、傷ついてかわいそうな私」を実現するための行動を自らとってしまっていたのです。

ではなぜ、私はそんなにも、かわいそうで傷ついていたかったのでしょうか。

私はしばらく、自分が「傷ついていたほうがいい理由」を探すために自分と向き合いました。小さい頃からの体験を思い返してみたのです。

すると、どうも私は今まで生きてきた中の様々な経験から、「傷ついていたほうが、愛情が得られる」という思い込みを心の中に作り上げていたようなのです。

あなたにもありませんか？

例えば、「被害者」＝「傷つける側ではなく、傷つけられる側」になったほうが、優しくしてもらえた、という経験。

自分が楽しいことや幸せだと感じることをしているときよりも、自分が失敗したり、何かを我慢したりして、傷ついているときのほうが、「頑張ったね」と褒められたり、関心を持ってもらえた経験。

私も、こんな経験をした一人でした。

こういった経験が重なり、私はいつしか「傷ついている自分のほうが、褒められたり、優しくされたり、関心を持ってもらえるのではないか」という思い込みを作ってしまっていたのでした。その思い込みはいつしか潜在意識に組み込まれ、私の「心のあり方」となり、自分の行動に影響を及ぼし始めていたのです。

「傷ついている自分のほうが、褒められたり、優しくされたり、関心を持ってもらえるの

ではないか」

この、褒められたり、優しくされたりすることで、結局何が欲しいかというと、「褒められたり、優しくされたりすることで感じられる愛情」が欲しいと思っている、ということに気づきました。

なので、**心の中（潜在意識）ではいつも「愛されるために、傷つきたい」と思っていて**、それをくり返すうちに、私は「愛されるためには傷ついていなければならない」という心のあり方の持ち主となっていたのです。

心屋仁之助

こういうのは、自分でやっていながら、自分が一番気づかないように巧妙に仕掛けてきた人生の罠なんですね。

人は、「親の愛情」をもらうためならどんな努力もいといません。

いい子になってみたり、問題を起こしてみたり、さまざまな「気を引く努力」をします。そして、そこまで努力しても自分の「望むカタチ」の愛情が得られない場合は、「スネ」てしまうわけです。

もう、愛情は要らない、もう、私は、幸せじゃなくていい、そう拗ねてしまう。

じつは、とてもとても悲しかった。親から、特に母親からの愛情が思うように得られなくて、悲しくて仕方がなかった。

だから、それが悲しみから怒りに発展して、自分が「幸せにならないこと」「不幸でいること」で、愛情をまた集めようとしている。

そう、じつはこの「スネ」さえも、子供なりに考えた「戦略」のひとつでもあるわけです。

で、傷ついたジブンでいれば、少なからず愛情（構ってもらえる）が手に入るとすれば、それをやり続けるわけです。

いわゆる「悲劇のヒロイン」でもあるわけですが、「やせられないという悲劇」は、ちょっとコントですよねぇ。

ただ、そこで「頑張ってるのに」という条件がつくわけです。頑張る、努力する、健気なわたし、で、自分をほめたいわけです。

でも、頑張ってるのに、叶わない、ということは、私のせいじゃないのよ、と、また浸りたいだけなのが悲しいですよね。

我慢したら傷つく、でも傷ついたほうが愛される

「愛されるためには傷ついていなければならない」という心のあり方の持ち主となっていた私。

では、どうやって自分を傷つけるか。

私が傷つくために選んだこと、それは「我慢すること」でした。

「いやなことを我慢してやったら、傷つく。でも、傷ついたほうが愛される」

「言いたいことを我慢して、相手を優先し、自分を犠牲にしたら、傷つく。でも、傷ついたほうが愛される」

思い返せば、小学校高学年の頃には、こんな悲しい心のあり方の持ち主になっていました。

そしてその頃から、

「我慢して、傷ついていたほうがいいんだ」

と思い込んだもう一人の私（潜在意識）は、傷つくことを実現させる手段として、自分を太らせる行動をとらせてしまい始めたのです。

それまでの私はやせ型ではなかったものの、標準体重範囲内のぽちゃっとした体型で「太っている」わけではなかったのですが、異常なほど食べてしまうことが増えていき、どんどん太り始めてしまったのです。

我慢して傷つくことと、太ること。

この2つをいったい私はどうして関連づけてしまったのでしょうか。

さきほども書いたように、私の生まれ持った体型は「標準範囲内ではあるけれど、ちょっとぽちゃっとした体型」でした。

幼少期、私の周りの同年代の子供たちはほとんどやせ型だったため、太ってる！　とからかわれることがよくありました。

また、大人たちからも、「お母さんは細身なのに、娘は太いほうだね」というニュアンスのことをよく言われていました。

子供ながらに、傷つきますよね。

しかも私は、食べることが大好きな子供でした。

そして、母親はそんな私を心配していたようで、いつも「食べすぎたらだめ」と言われていたような記憶があります。

そんな経験から、私は子供時代の早い段階で、

「自分が大好きなことである『食べること』を我慢しなければならず、でも我慢できなくて太ってしまう、そうして傷つく」

ということを選んでしまったようなのでした。


大好きな食べることを我慢したほうが、より傷つくために効果的だから、「食べること」を「我慢することの中でも一番重要なこと」として選んでしまったんだと思います。

私にとって「傷ついて、愛情をもらうため」の最大級に効果的な方法が、「大好きな食

べることをいつも我慢していて、でも我慢し切れずに食べすぎて、太ってしまう＝大好きなことを我慢しなければならないうえに、しなければいけない我慢ができない、しかも人からからかわれる、太っている私」になることだったのです！

それがはっきりとわかった私は、部屋で一人で声を出して笑ってしまいました！

「心のあり方」がリバウンドを引き起こしていた

そのとき、体重という外的要因はまだダイエットの成功と言えるところまで減ってはいませんでしたが、ダイエットに成功できずにリバウンドを繰り返していた原因である「太っていて傷ついたほうが愛される」という思い込みから、そのたった1日で解放されたように感じるほど、この気づきは私にとって大発見だったのです。

この気づきによって、自分の心のあり方にますます注目するようになった私は、心のあり方が引き起こしていた「傷つくために太っている」こと以外にも様々な「傷つくために私が我慢していたこと」を発見していきました。

たとえば、ダイエット以外で私が悩んでいたことに、

「私はこんなに我慢しているのに、相手はしたい放題している」
「私はこんなにちゃんとしているのに、向こうは楽をしている」

というものがありました。

現に、待ち合わせの時間によく遅れられていたし、約束をドタキャンされることも多かったのです。

でも、私はいつも相手を笑顔で許すように「我慢する」ことをしていました。

結婚してからよく感じていたのは、「みんな旦那さんに対してよくそんなわがまま言えるなあ。私は我慢して合わせているのに」ということでした。

それまでの私は夫に対して必要以上に気を使って自分の言いたいことを我慢していました。

そのときは、「太っているから、などの劣等感のせいで、『いい奥さん』をしなければ私には価値がない」と思っているんだろうな、とぼんやり感じていました。

外食に行く場所も、夫の意見を優先。夫がしたくないことはなるべく私がする。赤ちゃんがいても、できるだけ何でも一人でやる……。

そんな我慢をすればするほど、食べることへの歯止めが利かなくなる。私の過食の理由は、いらない我慢に力を使いすぎて、無駄に食べることをセーブする力が全然残っていなかった状態、ともいえました。

でも、そのほうがよかったんです。

なぜなら、「傷ついていたほうが愛されるから、傷ついていなければならない」というのが、私の「心のあり方」だったからです。

出産後に起こってしまった過食は「子育てもあるのに我慢していろいろやって、しかも過食までして太ってしまって、私だけが辛い思いをしている！」と、「傷ついていたほうが愛される」という心のあり方を実現させるためにやってしまっていたことだったのです。

ちなみに私の夫はとても優しい人です。

私が勝手に、「傷つくために、我慢していた」だけだったのです。

「傷ついていたほうが愛される、だから傷ついていたほうがいい」という心のあり方を持っていた私は、それを実現させるために、

「自分は尽くしているのに、相手はそこまでしてくれないし、わかってくれなくて、傷ついている」

「私は『ちゃんとしている』のに、周りは『ちゃんとしていない』。でも、周りのほうがいい思いをしていて、私は傷ついている」

「我慢して相手に合わせて自分を抑えて、私ばかり傷ついている」

「だから、私はストレスがたまる。ストレスは大好きな食べることで解消したい。でも、食べることは我慢しなければならない。でも、我慢できずに食べてしまって、太ってしまう。そして、ますます傷つく」

「でも、そのほうが愛される。だから、もっともっと傷つかなければならない」

このように、日常生活のありとあらゆるところで、「自分が傷つくように」、周りの出来事を意味づけて、「自分が傷つくように」自分で勝手に我慢して、そして太るために食べすぎるという行動をとっていたのです。

私が感じていた「劣等感」の原因は、「劣等感を持っていたほうが傷つく。傷ついているほうが愛される」という私の「心のあり方」だったのです。

そして、私にとって、劣等感を感じて傷つくのにうってつけだったのが「太っている状態」。

なぜならさきほど書いたように、小さい頃に体型をからかわれた経験によって、「太っていることはいけないことなんだ。私はやせている人よりも劣っているんだ」と、太っていることを劣等感と結びつけていたからです。

そう、私は「傷ついていたほうが愛されるから、それを実現させるために、何があっても太っている必要があった」のです！

こんな心のあり方を持っていたら、そしてそれに気づかないままダイエットをしても、成功できずにリバウンドするのは当然ですよね。

その心のあり方を実現させるために、実は、何が何でも、太っていたかったのですから……。

傷つかなくても、私は愛されていると信じる

私が一番欲しいと思っていた「ダイエットの成功」は、実は私の本当に欲しいものから派生しているものであって、その根底にある、私が本当に本当に欲しいものは、

「愛されたい」

ということだったんだと、私は気づきました。

「ダイエットよりも先に、自分を傷つける癖をやめよう。そのために、いらない我慢をやめて、もっと自分を尊重してみよう。だって、本当に本当に欲しいものは傷つくことじゃなくて、愛されたいということだったんだから」

このときちょうど、心屋先生がブログや本で、何度も発信されている、

「すでに愛されているのだから、愛されるために何かをしなくてもよい」

という考え方が、まさに今の私に必要な考え方だと強く感じていたので、

「我慢したり、太っていたりして傷ついていたほうが愛される」

とは逆の、

「太っていなくて、我慢もしていなくて、傷ついていなくても、愛されている」

こちらをやってみることにしました。

それができるようになるために、自分の心が、「傷つく必要がない」とわかるようになるために、

「私はわざわざ傷つかなくても、愛されているんだよ」

と自分に言い聞かせてみました。

すると、

「私はもう、愛を得るために、傷ついて太っている必要はなくなったし、ダイエットと戦わなくてもいいんだ。もう、自分で自分を傷つけることは、終わりにしていいんだ……」

と、今までに感じたことのなかった、安心感を覚えることができたのです。

このとき感じた安心感は「辛い思いなんかしなくても、私はすでに愛されていたんだ」と、自分の中に、自分の周辺に、すでにたくさん愛が「ある」ことに気づいたことで得られた安心感でした。

心屋仁之助

心屋が断食で気づいた「ある」に、気づく機会は実はたくさんありますが、それは困ったことに「苦しみの向こう側」にあって、苦しいことに飛び込む覚悟、つまり「本気」になったときに「自分には、ある」という体験ができるようになっているようです。

そのために、わざわざ自分で傷つき、苦しみ、もがく体験を人は用意します。

僕の場合も、断食だけは「絶対にやりたくない」ことでした。

そして、実際、断りにくい状況で断食に参加せざるを得なかったわけです。そして、想像していた通り、いや、それ以上に苦しい戦いでした。

苦しみぬいたその先に、突然見えた光が「ある」でした。

「なんだ、あるんだ」「なんだ、あったんだ」ということは、今まで「ない」と思って頑張ってきたこと、「ない」と思って一生懸命足し算してきたことは何だったのだ、と、それまでの悪夢から目が覚めたのです。

すると、なんだ、あんなに欲しがっていたカロリーも、お腹にいっぱいあるじゃないか、と。それを使えばいいんだ、と気づいてから、体重は激減したわけです。

もちろん、美味しいものという刺激を求めることはなかなかやめられませんが、以前のように節度なく食べるということはなくなりました。

それまでは「ない人」ですから、言いたいことも言わず、やりたいこともセーブして「いい人」をして色んなことを我慢していたわけですから、当然ストレスもたまります。ストレスがたまれば、そりゃあ、食べ物もドカ食いしたくなります。

でも「ある自分」ですから、言いたいことも言っていいし、やりたいこともやっていい、そうすれば、今まで気を使って色々我慢していた頃とはまったく別世界になるぐらいの現実が目の前に起きてくるわけです。

それはもう驚きました。今までは何をしてたんだろう、ってね。そう、頑張らないほど色んなことがうまくいく、楽をするほどに、色んなことがうまくいくわけです。

でもねぇ、この「楽」をするためには、ものすごい「勇気」がいりますよ。

ここだけは、「簡単です」とは言えませんし、言いません。

「◎◎するだけで、簡単にやせられる」ということも言えません。そこには、今までの自分が信じてきたことの「真逆」をやる、つまり「大変なことになるかもしれない」そんな場所に飛び込む勇気が必要なのです。

ただ、そこに飛び込むのに「努力」や「苦労」はいらないのです。

ただ、「勇気」それだけです。それこそ、バンジージャンプを飛ぶような勇気、僕にとっては「断食に行く」という勇気でしたが、それだけでいいのです。断食に行くとやせる、ということではなく、断食が僕にとっての「勇気の必要な苦しいこと」だっただけです。

だから、断食に行くことが、そんなに怖くないという人や、断食に何度も行っているけれどすぐにリバウンドする、という人は、別のバンジージャンプの勇気が必要ですけれどね。そして「勇気」を出す必要があるということは、そこに「恐怖」があるということです。

ダメな自分が嫌われるという恐怖ですよね。不快な思いをする、苦しむという恐怖ですよね。

僕がその勇気を出して手に入れたものは「ある」という、今までの「ない前提」で生きてきた自分の常識を180度覆す気づき、そして「標準」でした。

それが、僕の造語ですが「空腹標準」です。

太っている人は「満腹標準」です。

つまり、お腹の中に常に何かが入っていないと安心できない、それが「標準」なんですね。だから、寝る前とかにも食べてしまう。

でも、たとえばうちの奥さんのように「やせている人」は「空腹標準」なんです。

つまり「お腹にモノが入っていないのが普通」で、「ときどきご飯を食べる」ということです。

だから、やせている人にとってはごくごく当たり前の「お腹が空いたら食べる」ということをするわけです。

でも、太っている人は「お腹が空いてなくても食べる」のです。たとえば「小腹が空いたから食べる」「今食べておかないと食べられないから食べる」「このぐらいは大丈夫、と食べる」「なんとなく食べる」「◎時になったから食べる」「別腹があるから食べる」と、食べる理由ばかりです。

そりゃー、太ります。

うちの奥さんは、食後のデザートでも「お腹いっぱいだから食べない」と言います。

太っていた当時の僕は驚きました。僕は、お腹が空いているとか空いていないとかにかかわらず「美味しいから食べる」「食後にデザートは食べるものだから食べる」という理由でしたから。

また、晩ご飯を食べた後に、くつろいでいると「小腹」が空いてきますよね。

やせている人は「空腹」になるまで食べませんが、太っている人は「小腹」が空いたら、そわそわし始めます。口癖が「お腹空いたなぁ」でしたから。

僕が「お腹空いたなぁ」と言うと、奥さんはすかさず言います。「それ、気のせいだから」。でも、僕は「小腹」が空いているわけです。ここで「標準」の違いが出るわけです。僕は「満腹標準」ですから「小腹が空く」は、もう「食べなさい」のサインになるわけです。

もう、大変ですよね。

つまり僕の「空腹」は、「気のせい」だったのです。奥さんにそう言われたときは、猛反発していましたが、間違いなく「気のせい」でした。

だから、「お金がない」「愛されてない」「自分には価値がない」「時間がない」という様々な問題の根っことなるものも、全部「気のせい」なのです。そんな気がする、子供の頃からそう思い込んできた、ただ、それだけのことなのです。

ここに気づくかどうか、そして「お金がある標準」「愛されてる標準」「価値がある標準」「時間がある標準」。他にも、「できる標準」「才能がある標準」など、自分の「標準」が変わると、言動、行動のすべてが変化するのは想像がつきますよね。

ぜひ、「空腹標準」をインストールしてみてください。そして「空腹標準の人」なら、どんな生活を送るのかを見つけてほしいのです。

そして、その「空腹標準」に変えていくためのテクニックを和田さんがこれから紹介してくれていますよ。

もうひとつ、「自分を傷つける」ということについて、自分を傷つけるのに一番簡単な方法は、「自分を粗末に扱う」ということです。「自分はこんなものだ」と、まるで安物の商品のように雑に扱ったり、ほったらかしたり、投げ捨てたり、優先順位を低くしてみたり、いくらでも考えつきます。

自分が自分を粗末にしていたら、自分の体を「ゴミ箱」にします。もったいないから、余ったから、こんなものでいいか、と、どんどん自分の体の中に、「不要な食べ物」「どうでもいい食べ物」「こんなものでいいか」「あんまり美味しくないのに」というものを、どんどん放り込む、これが「自分を傷つける、粗末に扱う」ということ。

そして、自分が自分を粗末にしていると、周りの人も自分を粗末にしてくれるわけです。

でも、そんな自分を粗末に扱っているあなたを、大切に扱おうとしてくれている人が、ちゃんと近くにいるので、そういう人の大きな器と愛情に気づけるといいですね。

そんなふうに傷つけなくても、ちゃんと愛されているのです。

「もう愛されているんだから、太っていることも、傷つくために我慢することもやめてみよう!」

と決めた私は、**日常生活のあらゆるところで自分がしていた様々な我慢をやめはじめました。**

それは、一見とても簡単なことなのですが、愛されるためには傷ついていないといけないと思い込んでいた以前の私にとっては、とても勇気がいることでした。

例えば、

「疲れた」と言う。

「それ苦手だからやりたくない」と言う。

「それよりこっちのほうがいいんだけど」と言う。

「それはいらない」と言う。

「この荷物重いから持って」と言う。

と、**相手に自分の本音を伝えることをやってみました。**


他にも、重い荷物を持ったままドアを開ける癖があったので、

「これも、無意識にしていた自分が辛くなるための我慢の一種かも」

と思い、自分が辛くならないように、まず荷物を置いて、体を軽くしてからドアを開けてみたりと、思いつく限りの「今までしていた辛くなるための我慢」をやめるように行動しました。


そして、それを続けていくうちに、「我慢しなくても、愛されていないという状態にはならない」とわかりました。

私が言いたい本音を言っても、今までしなかった楽をしても、周りは何も変わらなかっ

たのです。

「心のあり方」が変わると、突然うまくいき始めた！

そうしているうちに、実は私は、「食べたいから」というより、「食べなければならないから」と思って食べていたんだな、と気づきました。

「お腹が空いたから、食べたい」という自然な欲求をまったく無視して、「食べなければならないから」と「思考で食べていた」のです。

なぜなら、

「私は自分を傷つけなければ愛されないから、食べすぎて太らなければならない」という私の心のあり方がそうさせていたからです。

「太っていて傷ついていたほうが愛される」

という思い込みに気づき、その思い込みから自分の心を解放するために、それとは逆の
「太っていなくても、傷ついていなくても、すでに愛されている」

と自分に言い聞かせることで、

「だから、もう太っている必要はないんだ」

と思えるようになった私は、

「もう太っている必要がない」＝「空腹ではないときには食べなくてもいい」

ということがわかり始めました。

それまでは、太っている必要があると思い込んでいたので、空腹になってはいけなかったのです。

空腹になってから食べる、という普通のことをしてしまうと、太ることができないからです。

太ることができなければ、傷つくことができず、愛されることができないと思い込んでいたのです。

でも、私は、

「太っていなくても、傷ついていなくても、すでに愛されている」

とわかったのです。

そして、空腹感を少しでも感じそうになったら慌てて食べるということや、今食べておかないとお腹が空きそうだから、と空腹になる前に食べることがなくなりました。

すると、普通〜スリム体型の人がよくやっていることで、私には絶対に無理だと思っていたことが、突然できるようになったのです。

例えば……、

- ゆっくり食べる
- 空腹感を感じてから、食事の準備をはじめる
- 食事の時間にお腹が空いていなければ食事を抜く
- 途中でお腹がいっぱいになったら食事を残す
- お腹が空いていなければ、目の前で誰かが食べていても、自分は食べなかったり、ごく軽い食事にする
- スイーツのメニューがあるお店に入っても、お腹が空いていなければドリンクだけ頼むなどです。

一見、我慢しているように見えますよね？

でも、違うんです。

これは我慢ではないのです。

「あ……これって、自分を尊重して、自由に食べているってことなんだ」

と私は感じました。

何かに縛られて食べるのではなく、自分を傷つけるために食べるのではなく、自分の心と体に合わせて、食べたいものを自由に食べる、ということです。

じゃあ今までの食べ方は？　と思い返すと、太っているときの食生活がいかに不自由だったかわかりました。

ざっと思いつくだけでも、

- 食べ物を残してはいけない
- 体調が悪くても栄養のために食べなければならない
- 食事の時間になったら食べなければならない
- 「ちゃんとした」食事をとらなければならない
- 苦しいぐらいの満腹になるまで食べなければならない

●家族がいるから「ちゃんとした」ご飯を作って、自分も一緒に同じものを食べなければならない
●疲れをとるために、ストレスを解消するために、スイーツをたくさん食べなければならない
●人と一緒に食事をすると食べすぎだと思われるから、一人になったときにたくさん食べておかなければならない

などなど……。

1日の中で、そんなことに使っていた時間がいかに多かったか。

自分で自分をこんなに不自由にして、苦しめていたのか！　と驚きました。

楽しく食べても、やせられる！

自分を傷つけるための我慢から解放された私は、それまでは「太るから」と我慢していた「食べ歩き」もするようになりました。

それまでよく思っていた、「やせている人でも、食べ歩きしたりしてるのに。私は、そ

んなことをしたら太るからしたくてもできない……」と「我慢して自分を傷つける」ことをする必要がなくなったので、ランチで食べ歩きをしたければする、でも夕食時に空腹でなければ食べない、などごく自然に「心と体に合わせて食べたいように食べる食事」をするようになりました。

そこには「我慢」はなく、私の気持ちは「普通体型の人の食べ方ってこうなのか！」という驚き、感動、喜びにあふれていました。

それまでの私にとって、何かを食べることはつねに「罪悪感」とセットになっていました。罪悪感で自分を傷つけるために、「してはいけないこと（罪）をする」のです。

「またこんなに食べてしまった」

「食べたらいけないけど、どうしても食べたい！」

「また太ってしまう……」

大好きな料理やお菓子作りも、

「料理が好きだから、美味しいものやケーキも作りたいのに、食べたら太ってしまうから本当は作らないほうがいいんだけど……」と思いながら作ってしまい、結局一気に食べてしまって罪悪感に浸る。

こんなことの繰り返しでした。

しかし、

「太っていて、我慢して、傷ついていたほうが愛される」

という心のあり方から、

「太っていなくても、我慢しなくても、傷ついていなくても、すでに愛されている」

という心のあり方へと変わり、「食べること」が「罪悪感」と結びつくことがなくなったのです。

食べることで自分を傷つける必要がなくなった私はこのときやっと、食べ物との健全な付き合い方、すなわち「空腹になったら、好きなものを美味しく食べること」ができるようになったのです。

食べすぎで太っていた頃よりもずっとずっと純粋に大好きな食事を楽しめるようになりました。

このときの私は、身長１５４センチ、体重53キロ。ダイエット・ジプシーからの卒業を決意してから、３ヵ月半で約６キロのダイエットに成功していたのです。

「心のあり方」の大転換その一

「太っていて、我慢して、傷ついていたほうが愛される」という心のあり方から、
「太っていなくても、我慢しなくても、傷ついていなくても、すでに愛されている」
心のあり方へと変わった

このときは、以前に同じ体重までダイエットしたときとはまったく違い、「食事を我慢して大変だった」という辛さもなく、「またリバウンドしてしまうんじゃないか」という恐怖感もなく、「太っている必要があった心のあり方に気づいてそれを手放したら、勝手にすぐ6キロやせちゃった」という感覚で、「魔法かな？」と思ったほど、自然にやせることができたのです。

この体験を通して、「もしかしたら、ダイエットは辛い我慢をするのではなくて、逆に、自由に楽しく好きなものを食べるほうがいいのかも？」と思い始めた私は、ダイエットの途中、ちょっと楽しい実験の気持ちで、「美味しいもの三昧をしても大丈夫」なことを証明してみよう！ と思い立ちました。

大好きなパンケーキやスコーンを朝に焼いて食べ、友人と部屋で遊ぶときは宅配ピザをとり、夫と回転寿司に行き、ちょっと足をのばして美味しいと評判のパン屋さんのパンを食べ……今までの人生で最高に「罪悪感なしに美味しいもの三昧」をしても体重は減っていきました。

以前の私が「美味しいもの三昧をしても体重が減る」なんて聞いたら、きっと、

「そんなの絶対にありえない！」と思ったでしょう。

でも、それが実際にできたのです。

なぜなら、今までにお話ししたように、

「太っていて、我慢して、傷ついていたほうが愛される」

という心のあり方から、

「太っていなくても、我慢しなくても、傷ついていなくても、すでに愛されている」

心のあり方へと変わった体験を経て、

「空腹になってから好きなものを楽しく食べることによって、結果として太っていた頃よりも少ない食事で満足できる」ようになったからです。

そして、これこそが、私が心底うらやましがっていた「やせの大食い」「やせ体質」の人たちの秘密だったのだとわかりました。


「やせの大食い」「やせ体質」

この人たちは、

「自分の体質に合った量の食事を自由に食べていて、それが自然にできている人たち」

なのです。

朝起きてご飯を食べたいと思えば食べ、いらないと思えば食べず、お腹が空いたら、これは健康にいいか？　や、太らないか？　などと考えずに好きなものを食べ、次にお腹が空くまでは食べることなんか忘れて、好きなことをしている……。

「大食い」に見えるのは、みんなが見ているときに「たまたま」お腹が空いていてたくさん食べているように見えるだけ。

トータルで見ると、その人の体質に合った、体型を維持できる食事量、生活習慣を自然とすることができているのです。

これが、やせの大食い、やせ体質の人の正体だと私は考えています。

ここでいう「体質」なのですが、「体質」とは、その人の心のあり方、生活強度（立ち仕事かすわり仕事かなど）、生活習慣（食べた後すぐに横になるのか家事をするのか、など）、食習慣（何を好み、どんな時間帯に食べているのか、など）、肉体的な特徴（骨格、筋肉量、内臓機能の個人差など）を全部ひっくるめたもの、だと私は考えました。

その体質の中でも、私の実体験から、「心のあり方」が一番、体に影響力があるとわかったのです。

「でも、心のあり方じゃなくて、太っているかどうかは、結局は体質（一般的に言われる、肉体的な部分の個人差《基礎代謝量など》）が関係しているんじゃないの？」

と思われた方もいるでしょう。

確かに、肉体的な特徴の体質も太るか太らないかの要素の一部ではあります。

しかし、すべてではないはずです。

だって、筋肉が少なくて、機械で測る基礎代謝量が少なくてもやせている人はいますから。

もし、心の中に「何を食べても太る」であったり、私のように「太っていたほうがいい理由がある」という思い込みを持っていれば、「食べても別に太らない」「太る必要は特にない」という心のあり方を持っている人と同じもの、同じ量を食べていても、例えば生活強度が低くなる行動をとってしまったり、なぜか夜中に食べてしまうなどの、太りやすい行動をとってしまったりして、「何を食べても太る」状態を自分で作り上げてしまいます。

だから、**「太っている必要のある心のあり方」**のままで、体質の中の「生活強度」の部分だけ運動することで変えたり、体質改善の漢方などを飲んで「肉体的な特徴」にアプローチしても、なかなかやせられない。やせるとしてもかなりの無理をしないとやせられない、やせたとしても、「太っている必要のある心のあり方」が「太っている状態を保とうとして」リバウンドしてしまう……。

こういう仕組みになっている、と私自身の体験から確信したのです。

このように「体質には心のあり方が大きく関係している」ということに気づいてから、また新しい発見がありました。

それは、健康な人だったら、

「ダイエットをしていても、食べてはいけないものなんてない」

ということです。

実際、やせている人の中でも、ファストフードはいっさい食べない！ という人もいれば、ファストフードでもお菓子でもなんでも食べている人もいますよね。

実は、ダイエットを始めるときに「やせている人とそうでない人の買い物かごの中身はどう違うか」の観察をしたことがあるのですが、私が見た限りでは、太っている人はそれらしい中身、例えば、2リットルのコーラ×2本にファミリーパックのお菓子にから揚げのお惣菜etc.……だったりするのですが、やせている人でもそういう買い物をしている人も結構いる、という結果でした。

ということは、**何を食べているかと、やせているかどうかは、実はあまり関係ない**のでは？　という結論に至りました。

しかし、同じものを食べても太っている人とそうでない人の決定的な違いがあります。

それが、前述の**「その人の体質（心のあり方、生活強度、生活・食習慣、肉体的な特徴を含めたもの）から見て食べすぎているかどうか」**の違いです。

心のあり方が「太っている必要がある」場合は、太っているために、その人の体質に合わないほど多く食べています。

「太っている必要がない」心のあり方の持ち主は、一見すると「そんなものばっかり食べて太らないの？」というような食生活でも、1回に食べる量が少なかったり、1日1食だけ食べていたり、生活強度がすごく高かったりして、その人の体質の範囲内で食べることができています。

私の場合、心のあり方が変わった後に、自分の体の空腹感に合わせて食べるということができるようになって気づいたのは、1日3回空腹になって食べる量が、それまでに食べていた量よりもかなり少なかった、ということです。

なので、ダイエット中とは思えないような、ピザやパンケーキなどをちょくちょく食べていたのに、体重が減ったのです。

それ以前は、過食をしていないときであっても、「私の体質」からすれば量を多く食べてしまっていて、太っていたのです。

「自分の体質の範囲内であれば、食べていけないものなんてない。好きなものは、食べてもいいいんだ！」

という発見は、それまでは「好きなものは食べてはいけない。だって太るから……」と、「好きなものを我慢して傷つく」ために、食べすぎの裏側で実はいつも食べることを我慢していた私の気持ちを癒してくれたのでした。

心屋仁之助

僕が「ある前提」に変わってから、食生活の中で変えたことが「本当に好きなものだけを食べる」ということでした。

今までは、自分のことを粗末に扱っていたので、そんなに食べたくないものや、テンションの上がらないもの、安物、刺激の強いもの、早く食べられるもの、そんなものばかりを食べていました。

もちろん、美味しいものも食べるのですが「とりあえず食べる」ということをやめることに注意を注いだのです。

具体的には、居酒屋などで出てくる「突き出し」です。

今までは「とりあえず出てきたから食べる」でした。でも、そうやって「出されたものをとりあえず」食べていると、本当に食べたいものが出てきたときにお腹いっぱいだったりするわけです。なのに、食べたいものだから、ムリやり詰め込んでみたり。

どうでもいいもので先にお腹を満たしてしまって、本当に好きなものを美味しく食べられないって、なんか本末転倒ですよね。

これ、人生や仕事でも同じで、どうでもいいことや、本当はやりたくないことで時間をとられてしまって、楽しいこと、嬉しいこと、ヤリタイコト、会いたい人と過ごす時間までもが奪われてしまう。仕事も、ほんとはやりたくない仕事に時間を費やして、やりたい仕事ができなくなってしまう。

僕も「やりたくない仕事」「やっておいたほうがいい仕事」をいっぱいしていました。「そういうものだ」と思っていたし、収入的にも、それをやめることが怖かったからずっと続けていた。そしたら、仕事が煩雑だし、疲れるし、楽しくないし、と、どうやら人生にあまりいい影響を与えていなかったようです。

でも、「ある前提」に変えてからは「ある」のだから、もう、やりたくない仕事、本当はやりたくないことは、もうやめていいんじゃないか、いや、どんどんやめよう、と、どんどん仕事をやめて減らしていったわけです。

そして、やりたい仕事だけを残していった。

そしたら、結果的に、不思議なことに、収入がどんどん増えていったわけです。

そうですよね、楽しいことばかりをゴキゲンでやっているのですから、すべてがうまくいくようになったわけです。

それと同じで、食べ物についても、目の前に出されたものを「自分は本当にこれを食べたいのか」ということを、ただ、ただ、自問することにしたのです。

そして、食べない！　と決断する、食べると決断する、ということを繰り返していったわけです。そう、「好きなものを食べる」のではなく「本当に食べたいもの『だけ』を食べる」のです。

それまでの習慣が染みついていたので、最初はなかなか決断ができないわけです。そして、食べてしまって後悔する、を繰り返していたのですが、「本当に食べたいか」を研ぎすませていくとだんだんわかってくるものです。

そして、「これは、いつでも食べられる」という「ある思考」の活用もできるようになるわけです。

たとえば、北海道に行って美味しいお寿司を食べた。北海道にはそうそう来ることもないので「せっかくだから」と、つい詰め込もうとします。あれもこれも、と思いますが「すぐにまた北海道には来られるから」というのが「ある前提」です。だから、「すぐに来られるのだから、今日はこのぐらいでやめておこう」と、やめることができるのです。

好きなものだけ食べていい、好きなことだけしていい、いやなことはしなくていい、もったいなくていい、と、今まで「しなければ」「してはいけない」と自分を縛っていたもの、いろんなことで我慢していたものを「いい」と許可に変えていく。それが自分らしさを解き放っていく魔法の言葉です。

そう、誰に縛られるのでもなく、自分が、自分の好きなものだけを選んでいいのです。食べたいときに、食べたいものを、食べたいだけ食べる、それもいいのです。ただし「本当にそれを食べたいのか」ということを何度も自分に聞いて研ぎすませていかないと、ただの欲望に流されてしまいます。

自分に優しいのと、自分に甘いというのは、似ているようでまったく違います。

自分に優しいとは、自分を大切にするということ、自分にゴミを、どうでもいいものを入れないということ、本当に楽しいもの、楽しいこと「だけ」を選ぶということです。

自分に甘いというのは「どうでもいいこと」で自分を満たすということです。

食べ物と部屋の片づけもつながっています。部屋の中に「どうでもいいもの」がたくさんある状態を「散らかっている」といいます。

「ない前提」だから「持つ」ことに安心します。そして、「どれも、大切」という幻想におちいっています。

でも、「どれも大切」というのは、実は、どれも大事にしていない、という、とても自分を傷つけている状態なのです。

どれも大切、というのは、「大切なものを大切にしていない」という状況です。だから、「大切なものを厳選する」という、ここでも「勇気」が必要になってくるのです。

第2章

「なりたい自分」を選びなおす！

5ヵ月で10キロのダイエットに成功した！

さて、ここから私のダイエットは最終段階に入りました。

このときの私は、身長154センチ、体重53キロ、ウエストは66センチの体型。

というと、「ちょっとぽっちゃりしてるかなあ」という感じですね。

私が幼い頃の体型、自分がもともと生まれ持った「標準体重の上のほう、ちょっとふっくらしてる」体型にまで自然に戻っていたのです。


長年の苦しい思い込みから、心も体も解放され、もともとの自然な自分になったと感じた私は、ふと、

「この今のニュートラルな状態から、さてこれからどんな私になろうかな？」

と思いました。

「だって、今までは傷つきたくて、我慢して、太っていることを自分で選んでいて、その通りにできていたんだから、また自分で好きなように新しい自分を選びなおして、新しい

自分になることができるよね？」と。

ニュートラルになった私は、「なりたい自分」を選びなおすことに挑戦したのです！

「じゃあ、自分の好きなことを選ぼう！　だって、心のあり方が自分を作っていて、それは自分で決められるってわかったから！」と私は思いました。

そして、ここで私がいったん選んだのは、「今の調子で、自分の体質の範囲内で好きなものを食べるように工夫して、これからも体型を維持できる体質の私」、でした。

こうして、好きな料理を楽しみながら、好きなものを食べながら、ときにお腹いっぱい食べたとしても次の食事を少なくしたりする、という色々な工夫をすれば、自分の体質の範囲内で食べながらダイエットできる！　という楽しさに浸っていた私の体重は引き続き順調に減っていき、ダイエットをはじめて5ヵ月後には10キロ減の49キロになっていました。

久しぶりに会った友達に「すごいやせたね！　どうしたの？」と驚かれ、お盆に実家に帰省したときにも親戚中に驚かれ、「本当にやせてよかった……」と喜びに浸っていました。

しかし、ここから私に最後の試練が待ち構えていたのです。

「最後の試練」で私が得た気づき

前のページで書いた、「体質の範囲内で好きなものを食べるように工夫して、体型を維持できる体質の私」を楽しんでいたそんなとき、またまた某アメリカ系大型スーパーに行く機会がありました。

そして、フードコートで、どんな人が何を食べているのかな〜、と観察していたのですが、欧米人のすごく太っている人は、尋常じゃないサイズのピザに、大袋に入ったパンをむしゃむしゃと食べていました。日本人でも太っている人は、特大サイズのホールのピザ2枚を家族でペロリ。

これは、わかりやすいですね。

でも、ちょっと気になる光景を目にしました。

それは……ぽっちゃりしているけど、美意識が高そうな、ダイエットを気にしていそうな人（服装やメイクから、私が勝手にそう判断しただけですが）は、サラダとスープを食べていました。

しかし、普通～スリム体型の人の食べているものは、コーラと、一人分サイズのピザ。ジュースとホットドッグ。

「太っている」とまではいかないけど、ちょっとダイエットを気にしていそうかな？　という人は「気にしているようなものを食べている」。

ダイエットなんか気にする必要のなさそうな人（普通～スリム体型の人で）は、「ダイエットなんか気にしていないものを食べている」。

きっと、普通～スリム体型の人は心の中でこう思っているのでしょうね。

「なんでこういうところに来てまでわざわざサラダ食べないといけないの？」

そんな人たちは、私から見ると、好きなものを悪びれもせずに食べたいときに食べて、楽をして体型を維持しているように見えました。

そんな人たちのことを、私は、
「最高にずるい人＝私にとって、許せない人」
だと感じました。

実は私も、「ピザを食べたいけど、ダイエットのためにはスープにしておこうかな……」という「工夫」や「ピザを食べる前に、脂肪分を分解するためのサラダを食べておこうかな」という「工夫」をしていたからです。

このとき、私にはひとつ気になっていたことがありました。
それは、ダイエットに成功したのに、私が思ったほど、夫が関心を持ってくれていなかったことです。

実は夫も標準体重オーバーだったのですが、私がダイエットをはじめて、ダイエットにいいと思った食事の知識などを話すようにしていたら、なかなかやめられなかった甘い缶コーヒーと間食を徐々にやめることができ、早食いだった癖も改善されてゆっくり食べるようになり、無理なく5キロほどやせていました。

でも、私はもっともっと一緒になって、ダイエットをやってほしかったんです。

それで夫に、「もっとこうすればいいよ」と具体的なアドバイスをするのですが、いまいち乗り気じゃない……というより、私がしてほしいほどは共感してくれない（ように感じた）のです。

だから、「もっと結果を出したら、もっと、私が正しいって証明できたら、きっと一緒になって一生懸命やってくれるはずだ！」と思ってしまっていたのです。

そんな私は、

ダイエット関係の本をたくさん読み、「食事制限」を始めてしまいました。

タンパク質を1日どれぐらいとって、お米は1回何グラムまでにして……と計量することをやりはじめたのです。

でも、それまでは好きなものを自分の体質の範囲内に収まるように工夫して食べることでダイエットに成功していたのに、自分の体の欲求に背いた食べ方を3週間ほど続けたとき、突然、食べるのが止まらなくなってしまったのです！

とんとん拍子にダイエットに成功し、すっかり「やせ体質」の人と同じような食事をできるようになっていたはずの私は別人のようになってしまいました。

はじめは、過去最高体重の72キロのときにしていた過食のように、コンビニのお弁当や菓子パン、スイーツをドカ食いすることはかろうじてなかったのですが、そのかわりに、「これを食べたら体にいい」と本に書いていたものを、お腹が苦しくて、もう吐きそう、もうこれ以上一口も入らない！　というところまで食べてしまいました。

その翌日は、お腹が空くまでは食べないように我慢したのですが、一度食べ始めるともうアウト。お腹が痛くなるまで食べてしまいます。

3日目にはついに、コンビニスイーツの過食までしてしまいました。

体はすごく苦しいのに、心は「まだ食べたい！　まだ食べたい！」と叫んでいる感覚で、自分がめちゃくちゃになってしまうのではないかという怖さを感じました。

「これって、前に太っていたときに過食が始まったときと同じ感覚だ……」

と過去の辛い過食体験を思い出しました。

そしてそんな日が5日間続きました。

おそらく、３キロほど体重が増加してしまっていたと思います。

でも、その中でも何とかして自分の心に何が起こっているのかを知ろうと、心の観察を続けました。

そこで見えてきたのは、

「私はこんなに頑張ってる！　だから私をもっともっと認めてよ！」

という心の叫びでした。


「こんなに工夫して頑張っている私」

「だから、価値がある」

「価値がある私だから、すごいと思われるはずだ！」


夫に対して、もっと一緒になってダイエットを頑張ってほしい、と思っていた理由は、

「私が、夫のダイエットを成功させたら、もっともっと私の価値が上がる！」

「もっと価値が上がったほうが……もっと愛されるに違いない」

という気持ちがあったからだとわかったのです。

ということは、「頑張って、自分に価値をつけないと、愛されない」

と思っているということですよね。

でも、某アメリカ系大型スーパーで見た、好きなものを悪びれもせずに食べたいときに食べて、楽をして体型を維持している（ように見える）人たちは、きっと、楽をしても愛されてるんだ。

（家族連れや恋人連れで来ているので、愛されているように見えたのです）

頑張らなくても、愛されているなんて、そんなのありえない！

そんなの絶対認めない！

私が「許せない」と感じているのは、

「頑張らず、楽をしているのに、愛されている」というところ。

ということは、「私が何か努力をしているから、頑張っているから」そう思っているということですよね。

では、私がいったい何を頑張っていたのかというと……、

実は、その正体は、私が「自分が大好きなこと」だと思っていた、「料理」だったので

す！

リバウンドしかけてしまっていた直前までの私は、今まで書いてきたように、好きなお菓子作りやパン作りをして、それを食べても体重が減るように、色々と工夫して調整していました。

体重オーバーになるかどうかのカギは、「自分の体質に合わないほど量を食べてしまう」というところが重要なポイントだとわかっていたので、いかに好きなものを自分の体質に合う範囲内に収めて食べるか、というところに情熱を注いでいました。

たとえば、ピザを食べるときは、たっぷりのサラダを作ってそれと一緒に食べる、というような工夫をいつもしていました。

また、「お菓子作りをしても食べすぎない方法」として、レシピの分量（だいたい数人分ですよね）を一人分や二人分に計算しなおして作ったりしていました。

なぜ、そういう工夫をするかというと、家でも、お菓子を作ったり、パンを焼いたりしていたので、そういうものを食べる頻度が高くなっており、その分、自分の体質の範囲内に収める調整をする必要があったからです。

そういった工夫で、確かに「好きなものを食べているのに食べすぎにならずに体重が減っていく」ことを実現できました。


でも、この「大好きな料理をして好きなものを食べてもやせる工夫」は、1歳児の子育てをしながら、「頑張って」手間のかかるお菓子作りやパン作りや、凝った料理をして、それを食べる量を自分の体質の範囲内に収めるために、

「今日はパンを食べるから、パンの糖を分解する食品をとって……」

と「頑張って」工夫しながら食べる、ということをしているわけです。

実は、それを楽しんでいるようで「頑張って」いるのです。


でも、一見いいことのように見えるこの「工夫」の根底にあったのは、

「料理ができて、料理を頑張っているから価値がある私。しかも、それでダイエットにも成功した私。こんなに工夫ができるって、すごいでしょ？　すごいってもっともっと認めてほしい！」

という気持ち。

すなわち、

「私は料理ができるし、料理を頑張っているし、ダイエットまでうまくいくような食事を工夫できる。こんなに価値があるから、愛される」。

言い換えると、

「価値がなければ、愛されない」

という心のあり方を持っていたのです。

前章で、「太っていて、我慢して、傷ついていたほうが愛される」

という心のあり方から、

「太っていなくても、我慢しなくても、傷ついていなくても、すでに愛されている」

心のあり方へと変わり、ダイエットを邪魔していたものからすっかり解放された……と感じていた私でしたが、その気づきはまだ半分の状態だったのです。

私が最後に手放す必要があったのは、

「価値があるから、愛される。だから、自分に価値をつけるように頑張らなければならない」という、心のあり方。

そして、そんな心のあり方によって私がしていた、

「愛されるために自分に価値をつけようとする努力」

だったのです。

これに気づいたとき、私は、

「私が正しい。楽をしているほうが間違っている」

と自分の思い込みで勝手に人のことを裁いていた自分が間違っていた、と認めました。

「そうか、私がこのまま『頑張るダイエット』を続けることは、頑張って価値がない私は愛されない、という心のあり方のままでいるということ。

そして、『私が正しい』と思っている限り、人を裁き続けるということ。

それに気づかないでいたから、リバウンドしかけるというちょっと荒っぽい方法で、それは違うんだよ、そんなことをしなくても、愛されているんだよ、って神様が教えてくれたのかな……」

こう思うことができた私は、過食が始まって6日目の朝から、まるでそれまでの5日間の悪夢から目が覚めたように、すっかりまた自分の体質に合う量を食べられる私に戻ることができたのです。

話は戻りますが、某アメリカ系大型スーパーに行ったときに感じた、普通〜スリム体型の人たちがダイエットなんてまったく気にしていないようなものを食べているのを見たときに感じた、「ずるい！」という気持ち。

なぜ「ずるい」のかというと「楽をしている（ように私には見えた）から」

何を楽しているのか？　というと、

私にとっての楽をする人＝ずるい人、とは「料理をあまりしない人」だと思っているのだ、とわかったのです。

もし、このとき私が自然食レストランのお店なんかに行っていた場合、この気づきは得られなかったかもしれません。

なぜなら私は、「自然食レストランのお店に来ている人＝美や健康への意識が高く、きっと家でもきちんとした食事を作っている人たちなんだろうな」と勝手に思い込んでいたのです。

こちらの人たちのほうが、自分に近いから正しいと思っていたのです。

そして、某アメリカ系大型スーパーのフードコートでピザやホットドッグを食べている人たちは「健康なんか気にしてなくて、きっと家でも出来合いのおかずとかで食事をすませていて、料理なんかしていないに違いない」と勝手に思い込んでいたのです。

こちらの人たちは、自分とは違う、自分とは逆だから、間違っていると思っていたのです。

「価値があるから、愛される。だから、自分に価値をつけるように頑張らなければならない」という心のあり方を持ってしまった私は、大好きだったお菓子作りや料理に、いつの間にか、「料理は人に喜んでもらえるはずだから、もっとやれば、もっと自分の価値が上がるはずだ」という、自分に価値づけるための手段だという意味をつけてしまっていたのです。

それに気づくことができたのですから、あとはもう、

「自分に価値づけるために料理を頑張ってしなくても、私はすでに愛されている」

と、今までの逆のことを信じるだけです。

「太っていて、我慢して、傷ついていたほうが愛される」

という心のあり方から、

「太っていなくても、我慢しなくても、傷ついていなくても、すでに愛されている」

心のあり方への変化。

そして、もうひとつ持っていた、

「価値があるから、愛される。だから、自分に価値をつけるように頑張らなければならない」

という、心のあり方から、

「すでに愛されているのだから、自分に価値をつけようとしなくてもよい」

という心のあり方へ。


この２つの大きな「心のあり方の変化」という体験を経て、ようやく私は、ダイエットを邪魔していた心のあり方から卒業することができたのです。

こうして、私はリバウンドの淵《ふち》から生還したのでした。

（５日間の過食で増えたであろう体重も、１週間ほどで、すっかり元に戻っていました）

大転換その二

愛されるために、頑張って自分の価値を上げようとする必要はないと気づいた（この時点で、私がダイエットを通して経験した大きな2つの気づきが完了した）

本当の自分は、何がしたい？ 何がしたくない？

私が読んだ心屋先生のもう一冊の本『がんばっても報われない本当の理由』（ＰＨＰ研究所）にも、

「がんばっても報われないなら逆をやる」

「がんばらなくても自分には価値がある」

という「がんばり教をやめよう、なぜなら、すでに自分には価値があるんだから」という考え方が書かれてあります。

「私は、ダイエットを通して、心屋先生がおっしゃることを体験したんだな……」

とわかりました。

「がんばり教」という言葉があまりにも今までの自分と重なり、一人で笑ってしまいました。

ここまでの気づきを経て、やっとのことで、心も体も本当にニュートラルになったと感じられるようになりました。

この、「ニュートラルになった」というのは、「今までの思い込みから解放され、思い込みを作り上げる前の自然な自分」に戻れた、ということです。

こんな、「自然な自分」に戻れたのだから、思い込みに左右されていない、「本当の自分」の性質を知ることができる、と感じました。

ここまで来た私は再び、
「なりたい体質を選びなおす」
ところまでこぎつけました。

愛されるために、
傷つくことも、我慢することも、太っている必要もなくなり、
愛されるために、
頑張って自分の価値を上げようとする必要もなくなった。
この2つの大きな気づきを大前提として、本当の自分は、何が好きで、何をしたいの

か？

逆に、本当の自分は、何が苦手で、何をしたくないのか？

をじっくり考えてみたのです。

まずは、体質を作る重要な行動である、「食生活」をどうしたいのか？

これを知るために、私の食生活の中から、「自分の価値を上げるために頑張っていた」部分を取り除いてみました。

すると、食生活において、**「自分の価値を上げることに関係なく好きなこと」＝「誰かからすごいねと言われなくても、どうしても私が好きなこと」**の一番に来るのは、「料理をすること」ではなく、「美味しいものを食べること」だったのです。

料理が嫌いなわけではなく、むしろ好きなほうだということに嘘はないのですが、「家でも美味しいものを食べるために、料理をしている」のであって、一番はあくまで、

「美味しいものを食べることが大好き！」なのだとわかりました。

そして、美味しいものを食べるために、美味しいお店や、美味しい食材を探すことも大好きなことだとわかりました。

素敵な飲食店に行ってそのお店の雰囲気や、見目麗しい盛り付け、自分には出せない味を堪能することや、百貨店の食材売り場で珍しい食材とその魅力的な陳列、商品の見せ方を見ること、いい食材を探しながら、少しずつ食べ物についての色んな知識を増やし、色んな味を知ることは、私にとってものすごくわくわくする、大好きなことなんです。

ここで注目してほしいことがあるのですが、料理が好きな人の中には、「料理研究家」の方たちがいますよね。

そしてその中でも「スリムな料理研究家の方」がいます。その方は、おそらく、料理をする、と食べることが結びついていない方だと思うのです。

その方たちにとって「料理を作る」ということはきっと、「陶芸をする」や「絵を描く」と同じような「創作活動」なのではないでしょうか。

だから、たくさん作ったとしても、自分では「作品が成功したかどうかわかる程度の量を食べるだけ」で、あとは、商品として売ったり、お教室の生徒さんたちと分けたり、お店のスタッフさんと分けて食べていて、自分一人で食べすぎることがないから、いつもいつも料理をしているのにスリムなんだろうな、と私は考えました。

でも私が一番好きなことは「美味しいものを食べること」。

しかも私は、「美味しいものが目の前にたくさんあると、我慢できずに一気に食べてしまう」タイプなのです。

こんな私が、「食べることよりも、『料理という創作活動』のほうが大好きなスリムな料理家さん」と同じタイプになろうとすること、言い換えると、「パンやお菓子、ご馳走級の料理をしょっちゅうしても、食べすぎない私」になることは、実はかなりのいばらの道。

自分の本質に背いて、自分でないものになろうとする「無駄な努力」だとわかりました。

たとえるなら、

「夜行性の動物が昼行性になる努力をする」

レベルの無謀な努力だと気づいてしまったのです……。

食べることが大好きで、美味しい食べ物を探すことも大好きな私。

「頑張らなくても愛される」とわかっていた私は、

「なりたい体質は選びなおせるけど、本当の自分に背いた体質は選ばないでおこう。だってそうすると、頑張る必要が出てくるから」

と考えました。

本当の私の特徴をふまえたうえで、効果的にダイエット・体型維持できる最善の方法は……。

私が決めたことは、「パン作りやお菓子作りをやめる」ことでした。

心屋仁之助

好きなことをする、好きなこと「だけ」する、ことも、人生を変えていくための大切なキーワードです。

好きなこと「だけ」するわけですから、嫌なことはやっている暇がなくなってきます。好きなこと「だけ」をしていると、自分の機嫌がどんどん上がっていきます。どんどん楽しくなっていきます。どんどんレベルも上がっていきます。

それはわかりますよね。

でも、そこまでは想像がついても、人はなかなかそこには踏み込みません。踏み込む勇気が出ません。「やらなければいけないこと」「ガマンしないといけないこと」がいっぱいありますから、「それはないわ」が出ます。

もっというと、「それは、いけないことだ」そして「そんなことすると、大変なことになる」まで妄想が発展します。

つまり、「みんなが、好きなことだけをして、嫌なことをしなくなれば大変なことになる」または、「好きなことだけしている人のしりぬぐいは誰がするのですか」という声が、必ずやって来ます。

そして、「楽なことばかり、楽しいことばかりしていると、人間がダメになっていく」と言う人もいます。

あの、これ、「国家」の「教育」のただの結果ですから、気にしないでほしいんですけどね。

努力が素晴らしいと思って、せっせと足し算をしていた僕は、なかなかうまくいきませんでした。

そして、嫌なことをやめて、好きなことだけをし始めたら、いろんなことがうまくいくようになりました。

「嫌なことを押しつけられた人がいるはずです」と言われるのですが、僕の周りには、嫌なことを我慢する人がいなくなってしまったのです。

もちろん、ゼロではないですが、僕の周りの人は、みんながみんな、好きなことだけしかしなくなってしまった。

そしたら、たとえば僕がイヤなことは、パソコンの難しい操作とか、飲み会とか、事務作業とか、頻度の高いセミナー開催とかでしたが、それぞれを「得意」「好き」「苦にならない」と言う人が現れて、全部やってくれたわけです。

さらに、その人たちは、それが好きで得意なわけだから、サクサクと、しかもハイレベルな仕事をしてくれるものだから、僕の仕事もどんどん進んでいくわけです。

そして、僕がその好きなこと「だけ」をやっていることで、その人たちも仕事が増え、豊かになり、どんどんいい循環になっています。

努力する人、我慢する人は、他人にも我慢や努力を強要します。不得意なことをやれと押しつけます。

「自分と同じように苦労しろ」と、苦しみと、罪悪感を押しつけます。「こんなに我慢しているんだから」「こんなにやってやってるんだから」と「感謝」まで強要します。

それでも、ずっと我慢を続けているので、ある日突然爆発したりします。いつもイライラして怒っています。

だから、いろんなことがうまくいかなくて、ストレスがたまって、ドカ食いします。いいこと、一つもないです。

好きなことだけしている人の周りには、好きなことだけしている人が集まってきて「助け合い」「与え合い」が始まります。

「迷惑をかける」こともそうです。迷惑をかけたと思っていることが、その相手には仕事になったり、活躍の場になって喜ばれたりするのです。

それを「迷惑をかけたくないから」と、いろんなことを、不得意なものまで抱え込んで怖い顔されても困るのです。

お互いがお互いに迷惑をかけ合い、助け合い、感謝し合う。

昔、僕がいろんなことを我慢していた時期は、感謝がなかなかできませんでした。

だって「やってあげてる」「こっちばかり我慢したり損している」という思いがいっぱいでしたから、感謝なんて、してもらうことはあっても、することなんてなかったわけです。

でも、「自分がうまくいく」ためには、「感謝も大切」なんて言われて、うまくいかせる手段として、無理やり感謝していました。

でも、好きなこと「だけ」して、いろんな人に迷惑をかけ始めると、いろんな人が笑顔で助けてくれるわけです。

そしたら、感謝が「湧き上がる」わけです。ほんとーに、ありがたい。自分一人で頑張っているときには気づかなかったことでした。自分一人が頑張って、みんなを信用せず、「迷惑をかけたくない」なんて言いながら、ただ嫌われるのを恐れてぜんぶ抱え込んで、みんなの活躍の場を奪って、独り相撲をとっていただけなのです。

それで、最後に爆発したりするものですから、もう大迷惑このうえないですよね。

みんなが、楽して、好きなことして、楽しくいられる、結果、いろんなことがうまくいく世界、こんなのも、きっといま頑張っている（我慢している）人からすれば「ありえない」「それはないわ」「そんなはずない」だと思うんですが、そんな世界は、あなたの隣に実在するのです。

おっと、ダイエットの話からは外れてしまいましたが、結局、「やせられない」というのは、人生のカタチの、心のカタチの、大前提の、ひとつの象徴であって、だからこそ、この根っこの「大前提」「考え方」「信念」を変えると、ダイエットどころか、すべてが変化する、ということをお伝えしたかったわけです。

その一番のキーワードが「楽をする」「楽しむ」ということなのです。

努力を手放したほうが、うまくいく

心屋先生の、何かを解決したければ、「それはないわ」と思うことをやってみよう、なぜなら、それが一番の解決方法であることがほとんどだから……という考え方。ダイエット中の私は、心屋先生のブログでその考え方を知りました。自然な自分になる前の私にとって、「パン作りやお菓子作りをやめる」ことがまさに「それはないわ」ということだったのです。

でも、「それはないわ」と思わせているのは、「パン作りやお菓子作りができるから価値がある」という心のあり方だったのですから、「価値をつけなくても愛されている」という心のあり方に変わった私にとって、「パン作りやお菓子作りは、必ずしもしなくていいもの」になったのです。

それに、今までのように、家でちょくちょくパンやお菓子を作っていたら、

「昨日、家でパンを作って食べたから、今日のランチでもパンだったら、ちょっと頻度が高いかな」と、体質との兼ね合いを気にしなければなりません。

その分、「野菜が多いメニューのほうがいいかな……」と、体質の範囲内で食べるような工夫をしなければならなくなるわけです。

でも私は、私が心から大好きな「美味しいお店で食事をするとき」に、わざわざそんなことを気にして食べることはしたくないのです。

ということは、自分の体質の範囲内で食べることを、「楽に」できるようになるためには、私の場合は、家でわざわざパンやお菓子を作ることをやめればいいのです。

その逆の、外食をやめて、自分で料理したものだけ食べる、というのは、自分の一番好きなことを我慢するという「無謀な努力」をしなければならなくなるので、ナシなのです。

「お菓子作りやパン作りができる私」を手放すことは少し寂しくもありましたが、

「もう、私は頑張らなくてもいい」と気づいていたので、私「が」作るのではなくて、プロの人にお任せすることにしました。お菓子やパンは、ケーキ屋さんやパン屋さんが自分よりはるかに高いレベルで作ってくださっていますから！

そして、そのとき冷蔵庫にあった、パン作りのための小麦粉やイーストなどは、思い切って全部捨てました。

そうして、「美味しいものが目の前にたくさんあると、我慢できずに一気に食べてしまう」私の性質をふまえて、「わざわざ自分でパンやお菓子を焼いて、でも食べすぎてしまうから我慢しなきゃ……と悩む」という無駄な努力もやめることにしたのです。

こうやって、「料理」の中でも自分に価値をつけるためにやっていた「パンやお菓子作り」、続いて、「凝った料理を頻繁にする」ということを手放していくと……簡単な調理でできるシンプルな食事を家で食べる割合が多くなりました。

すると、自分の体質に合う量かどうかを気にしなければいけないような、太りやすい食べ物を食べる割合が減ります。

なので、今までのように体質の範囲内で食べるような工夫をしなければならない頻度が減ったのに、楽に体型維持できるようになる。

こんな、私にとってとても楽なダイエット・体型維持の道が見えてきたのです。

「料理ができる私だから価値がある。価値があるから愛される」

という心のあり方を持っていた頃の私は、家族そろって食べる一汁三菜の「ちゃんとした」食事こそ、「家族の絆＝幸せ」で、「ちゃんとした」食事を用意することが家庭の妻の役目だと強く信じていました。

でも心のあり方が変化してからは、これはただの思い込みだったと気づきました。

「そういう『ちゃんとした食事』はたくさんある幸せの中のひとつの象徴にすぎない」とわかったのです。

そのときたまたまＴＶで見たのですが、東南アジアのタイには台所がない家庭が多く、屋台で食事をすることが普通なんだそうです。かといってタイの全家庭が「家でちゃんとした料理を作ってないから、幸せではない」はずはないですよね。

それに、冷静に考えると、子供と大人は必要な栄養素も量も食べる時間も寝る時間も違って当たり前ですし、男性と女性も、違って当たり前。

無理に同じものを食べなくても、結果として家族みんなが体調よく、自由に食べて、体型の悩みなく過ごせるなら、そのほうがよいのではないかと考えるようになりました。

「自然な自分」が本当に料理が大好きであれば問題ないのですが、もし「〇〇しなければ愛されないから」という心のあり方で、頑張って料理を色々と作ることによって、「あるからつい食べてしまう」「料理を頑張ることでストレスがたまり、食べることで解消する」など、ダイエットの妨げになっている状態になってしまっているとしたら……？

そうなっているのであれば、思い切って楽をしてみたほうがいいと思うのです。

だって、「頑張るほうが、うまくいっていない」のですから。

しかも、頑張って自分に価値をつけなくても愛されているのですから、しんどい思いまでして、すごく凝った料理を頑張る必要は、あまりないですよね。

このように、「頑張らなくてもすでに愛されている」とわかり、「努力して料理をする価値のある私」を手放した自然な私がしたい料理は「自分の楽な範囲でできるシンプルな和食」だとわかりました。

具体的には、ご飯・お味噌汁・納豆・旬の野菜の簡単な料理（おひたしなど）・旬の魚料理（簡単にできる焼き魚中心）のようなメニューです。

それを1日2回、昼と夜に作ります。

朝ご飯は、食べないか、果物を少し食べます。体も楽だし、朝からばたばたと料理をしなくていいからです。

私にとっては、これぐらいの料理だと楽だし、しかも好きなものだし、さらに「これを食べていれば太るほうが難しい」という体型維持を楽にできる食事なのです。

心屋仁之助

ちゃんと食べなければいけない、朝ご飯は食べないといけない……三食ちゃんと食べないと……栄養のバランスを考えて……手作りしないと栄養が偏る……残さず食べなさい……もったいないから……という「ちゃんと神話」も、僕たちを縛ります。

場合によっては、ご飯を置く位置までも「ちゃんとしなければ」と「カタチ」を言いすぎると、どんどん本質を見失っていきます。

カウンセリングをしていても「ちゃんと神話」に縛られているがゆえに、できない自分を責め、罰し、さらには、できてない他人を、子供を責め、罰している人も少なくありません。

で、その結果、もしやせられないようになっているのなら、いったい何をしているのかわかりません。

カウンセリングの場面でも「許可」は大きな力を発揮します。人が自由になるキーワードが「いいんだ」だからです。

「お腹空いてなかったら、朝ご飯食べなくていいんだよ」

「え?! いいんですか?!」

「いいですよ」

「いや、でも、食べないと、一日活動できないって言われてたので」

「誰に?」

「いや、テレビとか……新聞とか……あ、お母さんが」

という具合です。

やせている人は、「お腹が空いたら食べる」ですし、三食食べてもやせている人は、そういう「〜しないとダメ」という考えでは食べていない人が多いようです。

「僕も食べてないよ。あ、あの人も、この人も」と言うと「いいんだ……ダメだと思ってました」となります。この「いいんだ」が、「許可」されて「自由」になれた瞬間です。

逆のパターンもあります。「朝ご飯を食べると太る」と思っていつもガマンしているのに、太っている人は、「あのやせてる人は朝ご飯もりもり食べるらしいよ」で、「いいんだ」になります。目からうろこが落ちた、ともいいますね。

「ちゃんと神話」は、食べることだけでなく、日常生活においても、人間関係においても、お金に関しても、教育に関しても、あらゆるところに満載です。

もちろん、それによって秩序が保たれ、また日本人のいいところでもあるのでしょうが、ちゃんとできないことで自分を責め、苦しめ、罰し、そこから逃れたいともがいて、結果ストレスで過食してしまう、ということも多いようです。

そういう人に「いいんだ」を勧めても「いや、ダメです」と固く拒否されたり、「頭ではわかっているんですけど、できない」と言われることも多いのです。

そこには「ルールを破る恐怖」が根強く貼りついているからです。

ルールを破ることでやってくる、恐ろしい何か。怒られる、キラワレル、笑われる、見捨てられる、という怖さ、「大変なことになる」という悪夢の中でもがいてしまうのです。

彼女が書いているような「理想の○○」が自分をまた「×」で縛ることもあります。理想とは、親の期待に応えること、と言っても過言ではありません。

期待に応えることで、愛され、期待に応えられないことでがっかりされ、見捨てられ、キラワレルという恐怖。

ぜんぶ思い込みです。過去にそれを経験したこともあるのでしょうが、今日までそれを自分でひっぱる必要はないのです。

でも、思い込みという目に見えないものの力は絶大です。ということは、自分が持っている食に関する思い込みが変わると、絶大な力を発揮するのも想像いただけると思うのです。

この本の中では、彼女の思い込みから外れていく体験を通して、読者のみなさんに「いいんだ……」「そうなんだ……」という、新しい世界を知り、チャレンジしてみてほしいなと思うのです。

そう。「ちゃんとしなくていいんだ」「ちゃんとしなくても、恐ろしいことにはならないんだ」という体験ですね。

心屋では、こういう「ちゃんと」を心がけている人のことを「がんばる教」の人と呼んでいます。

がんばる教の人は、とにかく「ちゃんと」することを頑張り、ちゃんとできない自分と他人を責めます。

ええ、迷惑ですね（笑）。

で、ここまでにも書いたように、その「ちゃんと」「がんばる教」のご本尊は、親です。特に、母親です。母親に嫌われたくなくて、自然と頑張るようになった。頑張ったら、ほめてもらえた。「よく食べたね」「いっぱい食べたね、えらいね」と「食べたことをほめられた」人は、「食べないとほめられない」という恐怖が芽生えてしまいます。

「いっぱい食べてほめられた」人は、いっぱい食べずにはいられません。逆に、残したり偏食で怒られた人も、ムリしてでも食べずにはおれません。

でも、そんなこと無意識化で覚えていることなので本人は気づきませんが、この文章でハタと気づいていただけると面白いですね。

そうやって「いいんだ」「いいんだ」「いいんだ」と言いながら、ゆるゆるな人生に戻っていくことで、食も自由になっていきます。

人間関係も、お金も、親子関係も、夫婦関係も、教育も、礼儀も、「ルール」ではなく

「本当に大事にしたいもの」を大事にするという本質にそった人生に変わっていけると楽しいですよね。

「がんばる教」からぜひ抜け出してみてください。

そう、勇気を持って、チャレンジ！　しかないんですよ、ここは。がんばれ（笑）

選びなおした「なりたい体質・なりたい私」

心のあり方が変わった私は、本当の自分の心と対話しながら、「なりたい体質」を決めていきました。

体質を作る重要な行動である、「食生活」の中の「料理」については、126〜127ページで書いたように決めたので、次は、「食べ方」です。

「本当の私はどんな食べ方をしたいのかな？」と自分に聞いてみました。

食べることが大好きな私は、初めに「やせの大食い」を選ぼうかな？　と思ったのですが、私のなりたい体質は「やせの大食い」とはちょっと違うと感じました。

なぜかと言うと、太らないとしても、「大食い」になったらどうなるか？　と考えたとき、「たとえ体型維持できていても、一回の食事で『大食い』すると、体がしんどいので、それはいや」と思いました。

リバウンドしかけたときの過食で「食べすぎると体がしんどい」ことが身に染みてわかっていたからです。

なので、「やせの大食い」は、私にとってはナシです。

では、「ジャンクフードばかり食べても太らない」は？

たまにはいいけど、ジャンクフードが特別好きではないので、ジャンクフードばかり食べる、というのは私にとっては不自由というか拷問（笑）なので、これもナシ。

そして、「いつ食べたいのか？」は、

本当の自分は「空腹になったとき。なぜなら、そのほうがより美味しいから。大好きな食事をより楽しめるから」とわかりました。

さらに細かいところでは、

以前の頑張っていた頃の私は、「これを先に食べたほうがダイエットに効果的だから……」と大好きなものよりも野菜を先に食べたりしていたのですが、頑張る必要のなくなった私は、もちろんお腹が空いているときに、大好きなものから食べたいので、そうすることにしました。

頑張っていた頃の私が決して許していなかった食べ方を自分に許せるようになったことで、より食事を楽しめるようになりました。

そして、外食も大好きな私は、「週に2回ぐらいは外食、しかも大好きなものを食べに行きたい」という自然な自分の欲求に従うことにしました。

これで、「食生活」に関しては、

- 家では、旬の食材をおもに使ったシンプルな和食を自炊して食べる
- 週に2回ぐらいは大好きなものを外食で食べる

と決まりました。

続いて、体質を作る「運動」についても決めていきました。

自然な私にとっては、

「一駅分歩いたり、家事をしたり、できるだけ階段を使ったりと、自分が気持ちいいと感じる範囲で好きに動いていたら、それが適度な運動になっていて、だからジムに行くとか特別な運動はしていないけど、体型を維持している」がいいとわかりました。

まとめると、

「好きなときに、好きなものを、好きな量食べて、特別な運動をせず、楽に体型を維持できる」

これが、私にとっての「なりたい私、なりたい体質」です。

今までの気づきを経てわかった、本当の自分が好きなこと、したいことを全部盛り込んだ新しい私を選びなおしました。

こうして私は、ダイエット・ジプシーからすっかり卒業し、本当の私のままで生活していれば、つまり、「自分の心と体に従って、自然に行動していれば」適正体重を維持できるようになったのです。

心屋仁之助

「ちゃんと」「がんばる教」の話からここまで進んできました。

「がんばる教」には2種類あります。

それは、「頑張れてしまうがんばる教」と「頑張れないがんばる教」です。

頑張れる人も、頑張れない人も、両方がんばる教です。

そして、この人たちは頑張ることが素晴らしい、いや、頑張ること「だけ」が素晴らしいと「信じて」いるので、頑張れたときは、自分をほめるし、頑張れないと、自分を責める、頑張れたとしても「まだまだ足りない」、そんなことをいつも考えています。

そして、ここからが恐ろしいのですが、「がんばる教」の人は、「頑張ることが素晴らしい」もしくは「ほめられる」と思っているので「頑張ることのできる環境」が必要なわけです。

そう、もうお気づきの方もおられると思うのですが……頑張ることのできる環境、つまり「ダイエットしなければいけない環境」を自分でセッティングするのです。

つまり、自分で自分に試練を課すのです。（変態です）

太っていても、ダイエットなどまったく気にしない人もいます。

その人にとっては、そこは試練の場ではないのです。でも「頑張りたい人」にとっては、「絶好の試練の場」です。だから、なんと「やせると困る」のです。

困るというのは「試練の場がなくなる」ということですね。同じく「わざわざ」お金がない状況を作り出したり、厳しい上司や親を作り出したり、病気を作り出したりして、試練の場を作るのがとても巧みです。

で、頑張って、成果を上げて（やせて）こんどは、それをキープするのを頑張ったり、わざわざリバウンドさせて、頑張り「続け」ようとする。「まだまだ」「もっと」と言って、常に満足せず、上を目指し続けるので、もう十分やせているのに、まだまだ、と痛々しい人もいます。

そういう人は、常に、自分を「見張って」いるのです。

常に、見張っている。食生活を、体重を、体脂肪を、運動を、カロリーを、添加物を、頑張りを、いつもいつも見張っている。

自分の言動を、失礼がないか、嫌われないか、いつも見張っています。

見張っているから、本来問題にしなくていいものまで「問題視」して騒ぎ立てて、「悪のない世界」を作る「正義の味方」になってしまいます。

正義の味方が存在するためには、「悪」が必要なのです。そう「太っている」という悪、「脂肪」という悪が必要なのです。

日夜パトロールし、悪がはびこらないように日々戦い続けています。そんな状態なのに、悪は「食べてもイー」「太ってもイー」「もっと食べてもイー」と、まるでショッカーのように「いい・イー」という「許可」を求めてきます。

でも、正義の味方は、そんな悪を許すわけにいかないのでまた日々の戦いは続くのです。いつまでも平和が訪れないのです。

「気にする」ということは、見張るということ。気にするのをやめる、見張らない、なんでもいい、ショッカーをはびこらせてみると、案外悪いやつでもないのです。

逆に、正義の味方のほうがうるさいぐらいで……。

そして、ダイエットに関しては、簡単に言うと「脂肪を落としていく」行為です。この成功のカギは「落としていく」「そぎ落としていく」ということ。

それは人生において「脂肪だけではない」ということです。僕自身が「ある」に気づいてから、「あるなら、もういらない」と思ったものをどんどん捨てていったお話をしましたが、今まで身につけた武器や鎧を外して、そぎ落としていく。

今まで身につけてきた「足し算」を捨てていくと、どうなるのかというと「ありのままの自分」に戻っていくわけです。

「ありのままの自分」というと、とっても素敵な響きですよね。何か、キラキラしているような、化粧っ気のないナチュラルな自分。

確かにそうです。でも、実際は、どこかがたるんでいたり、シミがあったり、ガサガサだったり、弱いところ、できないところ、ダメなところがある自分が「ありのままの自分」です。

そしてもちろん、素晴らしいところ、キラキラしているところもいっぱいある。その長短合わせてすべて隠さないのが、ありのままの自分です。

飾らない、頑張らない、そのままの素材の自分です。その姿を愛してくれる人がたくさんいることを知ることも、大きな「いいんだ」です。飾らないから、よけいな努力は必要ありません。隠さないから、両方の手も自由になれます。

そして、今までそこに使っていた力を、楽しいこと、好きなことに使っていくと、キラキラしてきます。

それが、僕たちの本来の生き方なので、どんどん若返ってきます。

「がんばる教」の人の目標は「やせること」かもしれないのですが、やせる、って主観です。

それよりも、健康になる、綺麗になる。これももちろん主観の世界ですが、そもそも目指したかったのはそこだったのじゃないかな、それが本質なんじゃないかなと思うのです。

「もっともっと」ではなく「今の、ありのままの、何もない、ひどい、そして素晴らしい自分」という「今の自分」を肯定することで、過去の自分も未来の自分も輝き始めるのです。

今の自分を認めてしまったら、もう成長もできないなんて言う人もいるのですが、今の自分を否定して積み上げた理想の自分こそ虚栄です。

今の自分を肯定（卒業）できずして、次に進めないのですから。健康で、楽しく、ありのままの、弱さもダメさも太っているところもあるのが素晴らしい自分なんだ「それで、いいんだ」を手に入れてほしいと思うのです。

実は、今のダメな自分を受け入れるのも「勇気」だけなんですよ。

「それでも私は、愛される」「それでも私は、素晴らしい」「このほうが、私は、素晴らしい」そんな言葉をぜひ口に出してみてくださいね。

そうすると、とっても面白いことが起きますから。

第3章

「心のあり方」を変えて、ダイエットしたい人へのアドバイス

「４つのステップ」を活用しよう

「心のあり方」を変えることでダイエットに成功した私の体験記、いかがでしたか？

私自身は、今まで読んでいただいたような紆余曲折を経てしまいましたが、以前の私と同じように、ダイエットの悩みが人生の大きな妨げになっていると感じている読者の皆様には、心のあり方を見つめることで、よりスムーズにダイエットに成功し、ダイエットの悩みから解放されていただきたい。

そんな願いを込めて、この章を書きました。ぜひ、あなたのダイエットに活用していただきたいと思います。

私の体験から、ダイエットに成功し、ダイエットの悩みから解放されるためには、段階があると考えています。

その段階とは……

【スタート】

ステップ❶

「ダイエットの成功を邪魔している心のあり方」を見つける

↓

ステップ❷

「ダイエットの成功を邪魔している心のあり方」を変え、

「ダイエットに成功してもいい心のあり方」にする

↓

ステップ❸

「ダイエットに成功してもいい心のあり方」になった自分の心と対話し、

なりたい体質を選ぶ

↓

ステップ❹

「ダイエットに成功してもいい心のあり方」

＋

自分が求めるゴール（なりたい体質）が明確になることで行動が変わり、

ダイエットの成功がついてくる

↓

【ゴール】

ダイエットが成功し、その後は「もうダイエットに悩まなくてよい状態」

＝「自分の心と体に従って、自然に行動していれば適正体重を維持できる体質」になる！

それではさっそく、各ステップの解説と、スムーズに進んでいくための私の体験から導き出した方法を紹介していきますね。

ステップ❶ 「ダイエットの成功を邪魔している心のあり方」を見つける

みなさんにお伝えするために自分の体験をまとめていく過程で、「ダイエットの成功を邪魔している心のあり方」には、以前の私と同じ心のあり方以外にも、人それぞれの様々な心のあり方があるのではないかと考えるようになりました。

そして、その人独自の「ダイエットの成功を邪魔している心のあり方」が「どうやってできたのか」をまず知ることが、ステップ❷「ダイエットの成功を邪魔している心のあり方」を変え、「ダイエットに成功してもいい心のあり方」になる段階へ進むための初めの一歩になると考えています。

では、「ダイエットの成功を邪魔している心のあり方」が「どうやってできたか」を知るための手掛かりとなる、次のストーリーを読んでみてください。


Ａさんは日々の経験に、Ａさんなりの意味づけをして生きています。

そうしているうちに、いつしかＡさんは、

「愛されるために○○でなければならない（○○でなければ愛されない）」という思い込みを持ち始めました。

Ａさんは、自分の経験と、それにしてきた意味づけによって、この○○に「太っていること」を採用しました。

その結果、Ａさんは「太っている必要がある」心のあり方を持つようになりました。

しかし、Aさんは、「太っていることは問題」とも思っています。
だから、ダイエットをしたいと思っています。
しかし、「太っている必要がある」心のあり方＝「ダイエットの成功を邪魔している心のあり方」を持っていて、それがダイエットしたいという気持ちを上回っています。
そのため、Aさんはダイエットしたいと思っているにもかかわらず、ダイエットがとても難しいものになっていて、ダイエットの成功までにたどり着けなくなっています。

これが、「ダイエットの成功を邪魔している心のあり方」ができあがっていくストーリーです。

さらに、「愛されるために〇〇でなければならない（〇〇でなければ愛されない）」という思い込みの〇〇に、「頑張る」を採用している場合。

この「頑張る」には、

- 辛いこと、苦しいことを我慢する
- 自分を高めようと努力する

という意味が含まれています。

そして、「頑張る」ことをしたほうが、褒められる・喜ばれる・認められるという経験が積み重なってできた、「頑張るほうが愛される」という思い込み。

この「頑張る」ことに「ダイエット」を採用してしまうと、「ダイエットが簡単だと頑張ることができない」＝「ダイエットは難しいほうがより頑張れるからそのほうがいい」という思い込みになり、ダイエットが難しい様々な理由を探し始め、ダイエットをより一層難しくしてしまうのです。

あなたの場合はどうでしょうか？

しかし、これらはすべて「思い込み」です。

そして「思い込み」だと気づくことで、

「太っている必要がある」

「ダイエットは難しい」

という「ダイエットを邪魔している心のあり方」を、

「ダイエットに成功してもいい心のあり方」に変えることができます。

次のステップ❷で、その変え方を紹介していきますね。

ここで、大事な例外があるので、紹介しておきますね。

「太っている必要がある心のあり方」を持っていなかったとしても、太ってしまうことがあります。

それはどんな場合かというと、

「生活環境の変化など何かのきっかけで、ただ単に生活習慣が乱れ、食べすぎている」状況におちいったときです。

人間の体の仕組みとして、自分の体質以上に食べすぎれば、必ず太ります。これはどうしようもないことです。

この場合は、心のあり方の改善よりも、生活習慣の改善を心がけることによって、あっさりダイエットに成功する可能性が高いと思われます。

ステップ❷

「ダイエットの成功を邪魔している心のあり方」を変え、「ダイエットに成功してもいい心のあり方」にする

ステップ❶で見えてきた、

「太っている必要がある」

「ダイエットは難しい」

という「ダイエットを邪魔している心のあり方」を、

「ダイエットに成功してもいい心のあり方」に変えるステップへと進みましょう。


では、どうやって心のあり方を変えるかというと、

1・まず、「愛されるために○○でなければならない（○○でなければ愛されない）」ということ自体が思い込みで、「すでに愛されているのだから、愛されるために何かをする必要はない」と理解する。

↓

2・ステップ❶で見えてきた、
「太っている必要がある」
「ダイエットは難しい」
は、あなた独自の体験と意味づけの積み重ねでできた「思い込み」だったと理解する。

この2つの理解を進めやすくする方法を紹介しますね。

●「今ある愛」を見ることができるようになろう！

ところで、この本を読んでいただいている方の中には、私のことを「だって、結婚しているんだから、愛されてるでしょ？　そうじゃない人はどうやって愛されているってわかればいいの？」と思われた方もいるでしょう。

しかし、愛されているかどうかは、結婚している、や、恋人がいる、というわかりやすい「男女の愛のかたちを手に入れている」かどうかで決まるわけではないのです。

どんな状態であるかにかかわらず、愛はいつも存在しています。

しかし、それが「見えていない」と、愛されていると感じることができません。

「見えていない」人は今までの経験から、○○したら愛されるという思い込みを持っていると考えられます。

なので、すでに何もしなくても愛されている、ということがなかなかわかりづらい状態になっているのではないでしょうか。

でも、愛されていることが見えるようになれば、すでに愛されているから愛されるために何かをしなければならないという思い込みを解消しやすくなります。

そうなりやすくなる考え方をひとつ紹介しますね。

自分にすでに注がれている愛に気づく方法は、「愛のかたちにこだわらない」ということです。

すると、今まで「あったのに見えていなかった」愛がそこらじゅうにあることがわかりはじめます。

具体的な例をひとつ出してみますと、（わかりやすい男女の例になりますが）

とある夫婦の夫のほうは「愛情は目に見えるもので示すもの」と思っています。なので、プレゼントをするなど、「目に見える」もので愛情表現をするのが得意です。

一方、妻は「愛は言葉で表すもの」と思っています。

恋愛が始まった当初は、お互いにプレゼントもするし（視覚）、言葉でも愛情を伝えるし（聴覚）、スキンシップもします（体感）。でも関係が落ち着いてくると、徐々に自分の得意な方法でしか愛情表現をしなくなります。この場合、妻は「最近全然、愛してるって言ってくれない！」

（妻の心に触れる、聴覚での愛情表現がない）

夫は「誕生日にはちゃんといいものをプレゼントしてるじゃないか！」

（夫が得意な視覚での愛情表現だけをしている）

というすれ違いが起こってくるわけです。

つまり、「自分が思うかたち以外の愛は、愛と認めていない」ということです。

だから、結婚していてはたから見れば愛情たっぷりに見えても、その人が愛情に気づきにくい状態であれば、その人にとっては「愛情不足（愛があるのに見えていない）」になってしまいます。

でも、人が100人いれば100通りの愛のかたちがあるわけです。

自分の常識からいったん自由になって、「自分の思うかたち以外の愛」を見るようにすれば、色々なかたちの愛がいつも自分に注がれていることに気づきます。

すると、「愛されていない」なんてありえない。そういう状態になっていきます。

ここでは、わかりやすく男女間の愛情表現を例にあげましたが、友人関係や仕事関係、家族関係にも当てはめることができますので、それぞれの環境において、「自分の思うかたち以外の愛」を見るように意識してみてくださいね。

●リフレーミングを活用しよう！

もう一つの考え方は、心理カウンセリングの手法の「リフレーミング」という方法です。

これは、「事実に対して与えている意味づけを変え、異なる見方でとらえなおすこと」です。

一例をあげると、「あきらめが早い」→「いつまでもくよくよしない・新しいことにチャレンジできる」のように、「自分の短所と思っていることを長所だととらえなおすことができるようになる」ために、言い方や見方を変えてみる方法なのですが、私はこれをもう少し応用してみました。

例えば、「いつも笑顔でいなければ人に好かれない」という「私の中の常識（思い込み）」を「いつも笑顔でなくても好かれる」と逆に言い換えてみてください。

そしてさらに、好かれることに「笑顔」という条件をつけるのをやめてみるのです。

「私は○○だからという条件に関係なく、好かれている」という具合です。

これをダイエットに当てはめてみましょう。

「やせなければ愛されない」を、「やせなくても（太っていても）愛される」さらに、体型という条件をつけるのをやめてみます。

すると**「体型に関係なく、愛されている」**となりますよね。

ここで気をつけてほしいのは、「太っていても愛されている人はいる」など、条件がついたままでやめないことです。ここでやめてしまうと、「太っているから愛される」と条件つきの愛のままになってしまう可能性が高いので、「太っているとかやせているとか、そういう体型の条件に関係なく、愛されている」と言い換えてみてください。

ポイントは、「条件をつけないこと」。

自分の思い込みに気づき、心のあり方を変える有効な手段になるかと思いますので、みなさんそれぞれの、自分にとってしっくりくる、リフレーミングの言葉を見つけてくださいね。

このように、自分で自分にかける言葉を変えることができるようになったら、次はぜひ、「自分の常識と逆の人を探してみる」ことをお勧めします。

例えば、

「わがままを言ったら愛されない」という思い込みがあったら、

「わがままを言っても愛されている人」を探してみましょう。

積極的にそういう人を見つけるようにしてみてください。

その体験が増えて、色々な「愛されているパターン」を知っていくほど、「どんな状態」でも愛されている、つまり、「愛されることに条件は必要ない」ということを実感しやすくなり、心のあり方をスムーズに変えていく助けになると思います。

「今すでに愛されている」

「愛されるために条件は必要ない（何もしなくてもいい）」

この2つがわかれば、今まで愛されるためにしていた、

「太っているための行動」や、
「頑張るための行動」
をしなくてもよくなります。

ここまでで、
1・「すでに愛されているのだから、愛されるために何かをする必要はない」という理解が深まり、
2・ステップ❶で見えてきた、「愛されるために太っている必要がある」ということが「ただの思い込みだった」という理解も深まったと思います。

次は、「ダイエットは難しい」も「思い込み」だと理解していきましょう。

すでに愛されているのだから、愛されるためのことをしなくてもいいとわかっても、今の時点ではまだ、ステップ❶の「太っている必要があるために、ダイエットが難しいほうがよかった」時期に集めた、ダイエットが難しい証拠を心の中にたくさん持っている状態だと思われます。

この時期が長かった人ほど、その思い込みが強く、「ダイエットは簡単」だと信じられるようになるまでに時間がかかる可能性が高いと考えられます。

よりスムーズにダイエットは簡単だと信じられるようになるために、私が思い込んでいたことと、それを解消するためにやってきたことを紹介しますね。

「ダイエットに失敗する理由を探すのをやめる」ことで、許可しやすくなる

「ダイエットは簡単」と信じようとしてみても、つい、「でも、そうは言っても冷え性だから太りやすいのよね……」など、ダイエットできない理由に目を向けてしまいそうになりますが、それは今までの「太っている必要がある」心のあり方が集めていた「思い込み」です。

実際、「冷え性でもやせている人」はいますよね。

ここに注目してほしいのです。

「私は、冷え性でも、やせていい」と自分に言い聞かせてみてください。

他にも、お腹いっぱい食べたときに、

「お腹いっぱい食べたから、太る」

と思っていませんか？

実は、「お腹いっぱい食べたから」と「太る」は関係ないんです！

なぜなら、次にお腹が空くまで食べなければそう簡単に太ることはないからです。

「美味しい食パンあったから1斤食べちゃった〜」

「ストレスたまったからやけ食いしちゃった〜」

と平気な顔をして言う、普通〜スリム体型の女子の言葉をあなたも聞いたことがあるはずです。


「太っている必要がある心のあり方」を持っていると、

「満腹になったら太る」という言葉を自分自身にかけ続けます。そして繰り返すうちに次第にそれが思い込みとなり「満腹になるまで食べた後、お腹も空いていないのに時間が来たらまた食べたりして、食べすぎをずっと続けてしまう＝自分の体質に合わない量を食べてしまう」という行動を引き起こしているのです。

その他にも、あらゆることを「太る」に結びつけてしまっていませんか。

「今日はごろごろしちゃったから、太る」

「今日はチョコレートを食べちゃったから、太る」

「今日はストレスがたまったから、太る」

などなど……。

でも、心のあり方を変え、太っている必要がなくなったのなら、もう太るための理由を探す必要はありません。

今まで思っていた、

「○○だから、太る」

は実は嘘だと気づいてください。


それに気づくために効果的なのは、155～157ページで書いた、

「逆の言葉を自分にかける」

「逆の人を探してみる」

です。

普通～スリム体型で、ダイエットのことを気にしていない人たちは一様にこう言います。

「たくさん食べたら『食べすぎたなあ』と思うだけ。だから太る、とかいちいち考えていない」というのです。

これは、ダイエット成功前の私にとっては衝撃的でした。自分にとって疑いようのない事実（ここでは、「食べすぎたら太る」という思い込み）というのは、こんなにも「ただの思い込みだったのか」と驚愕しました。この他にも、「太る理由」としている思い込みをいくつかあげてみると…

「食べることが好きだから太る」
↓自分の体質の範囲内で食べれば太らないはず。

「あれを食べたい」「次はここのお店に行きたい」「新しいレシピで料理してみたい」など、食に関することを一日中考えることと「実際に食べること」はまた別のことです。

114〜115ページで書いた、「スリムな料理家」タイプの人もいます。でも、太っていなくても、食べることが大好きな人はたくさんいますよね。

まずは、**「太っていない人でも、食べることが大好きで、ついつい食べすぎてしまうこともある、でも、簡単には太らない。なぜなら次の食事で調整すればいいから」**と考えてみてください。

「食べることばかり考えているからよくないんだ……」と、好きなことを禁止してしまうと、よけいにそれがしたくなって逆効果になってしまう可能性が高いと考えられます。

そして、このようにも考えてみてください。

「好きなアイドルのことを考えることと、生活が破綻するほどおっかけにはまるのとは違う。食べることもこれと同じ」

私はこう考えることで、「一日中食のことを考えてうきうきしてもいい！　だって、考えることと実際に食べることはまた別だから」と考えることができるようになり、とても楽になりました。

「好きなものを食べたら太る」
↓好きなものを食べても体質の範囲内であれば太らないはず。

先ほどの話に続きますが、実は「やせの大食い」タイプの人は食べることを我慢していません。

いつでも食べていいと思っているし、好きなものは食べてもいいと思っています。

そしてそれが、自然と自分の体質の範囲内で食べるという結果になっています。

でも、ダイエットに悩んでいる人の多くが、「好きなものを食べたら太るから我慢しなければならない」と思っています。

その理由は、ステップ❶でわかった、「太っている必要がある」＋「ダイエットの必要がある」という2つの心の葛藤だと考えられます。

「食べすぎってことは我慢していないんじゃないの？」と思われるかもしれませんが、「我慢」をしているから、逆に食べすぎてしまうことがあるのです。

食べることについて我慢している人は、食事が終わったら悲しい気持ちになりませんか？

食事が終わって、体はもう満腹なのに、気持ちは「もう終わってしまった……まだ食べたい」と思っている。このタイプの人は、我慢しています。

つまり、「食べてはいけないと思っているから」こういう気持ちになるわけです。

我慢していない人は、食事が終わって、体が満腹になったら、「美味しかった。またお腹が空いたら食べられる」と感じるのです。

「食べてもいい」と思っていれば、そんなに必死になって「今もっともっと食べたい！」と思う必要がなくなります。

１３４ページにも関連することを書いていますが、頑張り癖・我慢癖が原因で「好きなものは食べてはいけない」と思い込んでいる場合は、「これを先に食べたほうがダイエットに効果的だから……」と大好きなものよりも野菜を先に食べたりすることをやめて、本当の自分が食べたいように食べることで、食事の満足度が上がり、食べすぎを解消する助けになると思います。

他にも、人それぞれの様々なダイエットを難しくさせる思い込みがあるかと思います。

それに気づいたら、「本当にそうなのかな？」と疑ってみて、「それとは逆の言葉」を自分にかけ、「それとは逆の人」を探してみてください。

心屋仁之助

ここでのキーワードは「罪悪感なく」ということと、「暗示」です。

「暗示」っていうのは、催眠術のときなどに使われる手法の一つです。「あなたが、このゆれるコインを見つめていると、だんだん眠くなる」というものですね。

この「あなたが××すると」「◎◎になる」これが、暗示の式です。

つまり、前半の××と後半の◎◎を「関連づけ」してしまうわけです。なんの関係もないものを、「炭水化物を食べると、太る」「食べてすぐ横になると、牛になる」という具合にね。

そして、彼女が気づいたように、××をしていても、太らない人は山ほどいるわけです。

でも、僕たちは、どこかで聞いた情報「××すると、◎◎になる」の暗示にかかってしまっているわけです。

暗示にかかっているということは、それを「強く信じている」ということですから、信じたことがだいたい現実化しますので、◎◎になるのは当然です。

で、やせていくためには、この暗示を解かないといけないわけです。

では、どうすればいいかというと、××すれば、◎◎になる、これを「都合よく」作りなおせばいいわけです。

「チョコレートを食べると、やせる」という具合にね。

で、これを聞いて「いやいやいやいやそれはないわ」と思った人は「チョコレートを食べると、太る」と信じているわけです。

で、ちょっとチョコを食べてしまったら「太る太る太る」と自分に呪いをかけ、まんまと太るわけです。

これ「暗示」「思い込み」で、もっと言えば「自己催眠」にかかっているだけの話なのです。

これを作りなおしましょう。「お腹いっぱい食べたから、やせる」。彼女のように「冷え性でも、やせていい」とね。

そして、彼女のこの「冷え性でも、やせていい」には、もうひとつの秘密が隠されています。

それが「許可」です。

そう、先ほどの「してもいい」「しなくてもいい」です。今まで、あれは「いけない」これも「いけない」これをしなければ「いけない」と、色んなことを禁止して、制限してきた。

そして人は制限されればされるほど、してはいけないと言われれば言われるほどにしたくなるものです。

このボタンにだけは触ってはいけませんと言われると触りたくなるように。それを「触ってもいい」と「許可」されると、それほど気にならなくなるのです。

食べてもいい、食べなくてもいい、どっちでもいい、という「自由」を手に入れることができるようになるのです。

先ほどの「チョコレートを食べると、やせる」というのも「そう思ってもいい」ということなのです。今までの常識を180度覆してみると面白いのです。

だって、その常識をかたくなに守って、ときどき破って、その結果、苦しんで、まだやせてないでしょ？　ということは、今までの常識が、「あなたに」合わなかっただけなのです。

あなたに、あなたの希望する現実をもたらさなかった。そんなものは、さっさとひっくり返してしまいましょう。

「ラクをしてやせてもいい」も、同じです。「それは、ダメでしょ」「それは、ないでしょ」を、どんどん「許可」していくことで、現実と結果は変わってくるのです。いったい、自分が何を禁止しているのか、この機会に色々と探してみてください。

「禁止」の裏には「悲しみ」がくっついています。その悲しみが「悪いことをした」「悪いことをしている」という「罪悪感」につながり、「罪悪」があるということは「責められる」「自分が自分を責める」という、何ひとつよい結果を生まない思考につながってしまうのです。

彼女の場合、「楽をする＝ずるいこと」という思いがありましたが、「ずるいこと」とは、やっぱり「悪いこと」という響きがあります。

ずるさを責められたり怒られたり、戒められた過去があるのかもしれません。

日本人の多くはそうですよね。楽をすることは悪いこと、裏を返せば、苦労すること、努力することが素晴らしい、ということ。そう「教えられてきた」のです。

そして、「国」として、そう「教え」たほうが、国民が我慢強く勤勉なほうが、国にとっては都合がいいのです。

だから、努力して苦労して何かを成し遂げた人を偉人として学校で学ばせるわけです。その人たちの楽な部分やラッキーな部分を取り除いた、努力と苦労の物語が美談として僕たちに刷り込まれているのです。

だから、楽をしたりすると「ダメだ、ダメだ」と、自分のことを反省してしまいます。反省するということは、自分のやった行為を責め「いけない」とまた禁止する行為です。

「ダメだ」と思い、反省し、自分を責めることが一番「ダメ」です。そこにくっついている悲しい記憶をさらに強化してしまうことにもなるのです。

「ダメだ」から「いい」「いいんだ」という「優しい世界」へ、移動してみてください。そして、これを言ってしまうと元も子もないのかもしれませんが、あえて言うと「太ってもいい」「やせられなくてもいい」という「許可」も自分に与えてみてほしいのです。「太っていても、私は、ダメじゃない、愛される」という自信を持っていいのです。

だから「してもいい」「やらなくていい」と許可するということは、今の思考でいくと「罪を犯す」ということになるわけです。

「そんなことしたら、大変なことになる」「怒られる」「罰せられる」「誰かが悲しむ」ということ、恐怖の連想があるから、なかなか踏み込めないわけです。

その「罪を犯す」というのが「それはないわ」ということ、「それだけはないわ」ということです。

思い切って、罪を犯してみてください。

いや、勝手に「罪だと思っている」ことにチャレンジしてみてください、勝手に「大変なことになる」と思っていることに突っ込んでみてください。

実際僕は、「それはないわ」どころか「絶対ないわ」と思っていた断食に突っ込んでみました。

ええ、予想以上に「ああ、これは、ないわー」ともだえ苦しみました。

でも、おかげで「ない幻想」「ない前提」からひっくり返って今があるので、「それはないわ」は「それが答えだ」と言えるし「それはないわ」を「ないわ」のまんまで、他の方法を探しても、いつまでも答えは見つからないということです。

だって、答えは「それはないわ」という「タブー」の中にあるのですから。

本気でやせたいなら「それはないわ」に飛び込んでみてね。そうそう、太っている人にとっての「それはないわ」は、食べないこと、でしょ？

「空腹」ってね、いいですよ（笑）。もうひとつ言うと「それはないわ」に答えがあるわけなんですが、「それはないわ」に飛び込まない限り、「一番の答え」を「一番最初に外している」わけですから、「欲しい結果」なんて手に入るはずないんですよ。へへへ。

ステップ❸ 「ダイエットに成功してもいい心のあり方」になった自分の心と対話し、なりたい体質を選ぶ

ステップ❷まで進み、「すでに愛されているから、太っている必要がなくなった」「頑張ることもしなくてよくなった」ら、「楽にダイエットに成功してもいい」状態になっていますので、ダイエットを始める準備ができています。

その前段階として、「ダイエットに成功してもいい心のあり方」になった自分の心と対話し、なりたい体質を選んでいきましょう。

なりたい体質を選ぶ際に注意していただきたいのは、心のあり方が変わっても、人間の体の仕組みがあるので、「自分の体質に合わないほど食べすぎて」いたら、必ず太るということです。

無制限に食べても太らない、というのは、フードファイターのような特殊な体質の人や、すごくカロリーをとらないと体を維持できないような競技をしているアスリート以外は考えにくいですよね。

そして、今からそういった「特殊体質」「アスリート」になることは、あまり現実的ではない（ほぼ不可能と言ってもよいかもしれません）ですよね。

ですので、「自分の体質の範囲内で食べられるようになる」ことはダイエットの成功のためには避けては通れないと私は考えています。

そして、なりたい体質を選んでいくときに大切なのは、心のあり方が変わった後の、「本当の自分」は何を欲しているのかをよく見ることです。

そこを外してしまうと、嘘の「なりたい自分」になるために、また「辛いダイエット」に逆戻りしてしまいます。

（本当の自分を変えようとすることは、無駄な努力・いばらの道です）
「愛されるために頑張ることはもう必要ない」のですから、本当の自分にそった「なりたい体質」になることが、辛いことであってはいけないのです。

「愛されるために、頑張ることで価値をつける」から卒業できていれば、辛いダイエットをする必要はありませんよね。

「自分の心と体に従って、自然に行動していれば適正体重を維持できる体質」＝「なりたい体質」と考えてくださいね。

体質については83～87ページに詳しく記載してありますが、もう一度まとめると、
「『体質』とは、その人の心のあり方、生活強度（立ち仕事かすわり仕事かなど）、生活習慣（食べた後すぐに横になるのか家事をするのか、など）、食習慣（何を好み、どんな時間帯に食べているのか、など）、肉体的な特徴（骨格、筋肉量、内臓機能の個人差など）を全部ひっくるめたもので、その中でも『心のあり方』は、体質を作る行動を左右するほどの影響力を持っている」
と私は考えています。

そして、なりたい体質は自分で決めることができます。

なぜなら、心のあり方がわかり、自分が何を信じているかがわかるということを経験すれば、「何をもう一度信じて、実現させるかは自分次第」ということがわかるからです。

私が「なりたい体質」を決めていった過程は、１１２〜１１６ページ、１２２〜１２７ページに詳しく記載してありますが、そのポイントをまとめてみました。

心のあり方が「愛されるために太っている必要や頑張る必要がなくなった状態」で、

①食生活（何をいつどのように食べるか）を決めていく。

今までの、「太っているために食べすぎなければならなかった」＝「〜しなければならない食べ方」から、「〜したい食べ方」は自分にとってどういう食べ方なのかを見つけていきましょう。

②生活習慣（運動などはどうしたいのか）を決めていく。

「運動しなければやせられない」などの思い込みがない状態で、自分にとってベストな生活習慣を見つけていきましょう。

ここまでで、本当の自分は、どんな食生活、どんな生活習慣でいたいのか？

が決まってきましたか？

最後に、それを全部盛り込んだ、新しい、「なりたい体質・なりたい私」を書き出してみてください。あとはもう、わくわくしながら、そうなっていく毎日を楽しんでくださいね！

「なりたい体型」はどうやって決めたらいい？

ところで、「ダイエットの本なのに、目標体重を決めるとかそういう話が出てこないのはなぜ？」と思った方もいるでしょう。

通常、ダイエットというと「あと○キロ減らす！」であったり、「○キロになる！」という「なりたい体型の目標」を決めますよね。

私は、一番最初に「なりたい体型の目標」を決めるよりも、今まで書いてきた心のあり方を変化させることから始め、次に、心のあり方が変化した後の本当の自分はどういう性質や嗜好を持っているのかを見つけ、それに従ったダイエットの方法を決めてから、最終的に「なりたい体型の目標」を決めることをお勧めします。

このステップをたどったほうが、「なりたい体型」を素直に目指せるようになると感じているからです。

やはり、心のあり方が変わっていないまま「〇キロ減らす！」などの目標をあげたとしても、心のあり方のせいで行動が変わらずに、結局またリバウンド……という結果を招きやすいと思います。

「ダイエットの目標」を決めることは、一番の重要事項ではないと考えているのですが、やはりモチベーションを高めるためには必要かと思いますので、私が「なりたい体型」を決めていった様子をご紹介しますね。

私にとっての「なりたい体型」と考えて思い浮かんだ言葉が、

「自分にとって心地のよい体型」というものです。

では私はどんな体型を心地よいと感じるのか？　と自分の心に聞いてみると、

「服のサイズがちょうどMサイズで、体重が安定している体型」というものでした。

「で、それって何キロなの？」とどうしても「体重」を気にしてしまいがちですよね。

でも、体重が何キロかというのは、実はそこまで重要ではないと私は考えています。

まず一口に「標準体重」と言っても、ＢＭＩ（ボディマス指数＝身長と体重の計算式で表す、人の肥満度合いを判定する指数・計算式は、体重（kg）÷身長（m）÷身長（m））で計算すると、同じ身長でも10キロ強の幅があります。

例：ＢＭＩ18・5～25が標準の範囲。身長１６０センチであれば48～62キロが標準範囲です。

アスリートとそうでない人とはかなりの筋肉量の差がありますし、普通の人でも、生まれ持った骨格、筋肉量の差があります。

しかも、このＢＭＩのどこからが肥満かは、国によって違うそうなのです。

日本では、日本肥満学会が、「統計的にもっとも病気にかかりにくいＢＭＩ指数22を標準体重」と決めているようです。

この「統計的にもっとも病気にかかりにくい」という部分ですが、「かかりにくい」というだけで「絶対にかからない」わけではないですよね。

やはり、その人それぞれの適正体重があるんだと思います。

とは言っても、よほど筋肉質であるとか、特別な肉体的特徴がない限りは、あまりに体重が多いのは、やはり脂肪がつきすぎている状態だと考えられるので、だいたいの目安としてＢＭＩの計算式を使うことはよいと私は考えています。

なので、厳密に「絶対○キロになりたい！」という目標よりも、「私にとって心地のよいのは、だいたい○キロ前後かな？」というぐらいでちょうどよいと思います。

もし、減量している途中で、「今ぐらいの体型でちょうどいい」と思えばそのときの体重でいいと思います。

逆に目標の体重になっても、思っていた体型のイメージではない場合もあると思います。そうしたら、ボディケアで体のラインを整えるなど、減量以外のアプローチをしてみればよいので、必要以上に減量だけにこだわらなくてもいいと思います。

「体重は○キロでなければ！」というのも思い込みですよね。

だって、体重は言わなければわかりませんから。

「服のサイズがMサイズの体型」がいいと思った理由は、自分が一番楽＝ストレスの少ない体型は？　と考えたときに、Mサイズ・9号・38サイズという、一番よくあるサイズが着られる体型が一番服を自由に選べるからだと思ったからです。


Sサイズを着たい！　という欲求はあまりありませんでした。

なぜなら、すごく細身の人で「いつも服が大きくて、困っている」と聞いたことがあるからです。いくら細くて周りからうらやましがられても、逆に服のサイズに困る、というのは私にとっては不自由なので、Mサイズの服が綺麗に着られる体型が私のなりたい体型の一つめの要素でした。

もう一つの要素である「体重が安定している」については、私にとっては、毎日のように体重を量ったりしなくても、だいたい同じくらいの体重を維持できている状態が一番心地良いと思ったので、それを選びました。

ダイエットに体重測定は必須だと思われがちですが、実は結構これがストレスとなり、ダイエットがいやになってしまう原因になっていることも多いように思います。

でも、体重より体型のほうが大事ですよね。

体重は、水を飲んだら増えます。普通に食事をしても増えます。

人間の体の仕組みとして当たり前のことなのに、数字に気持ちが左右されるのであれば、体重を量ることで無駄なエネルギーを使ってしまうことになるので、私はあまり体重を量らなくなりました。

最初は、「体重を量らなくなったらまた太ってしまうんじゃないかな…」という恐怖心もありましたが、普通〜スリム体型の人で、めったに体重を量らなくても体型維持できている人をたくさん知っているので、勇気を出して私もそうしてみました。

やってみると、毎日の体重の微動にストレスを感じることがなくなりましたし、普段は鏡を見て体の線でチェックしていれば、月1回の体重測定で、ほぼ49キロを維持できるようになりました。

体重測定がストレスにならない人は毎日してもいいでしょうし、週1回でもいいと思います。自分が楽な頻度を見つけてみてください。

自分は本来の自然な自分で、すでに綺麗なんだ

また、ダイエットと共に、女性であればほぼ全員が思うであろう、

「もっと綺麗になりたい！」ということにも触れておきたいと思います。

この本を読んでいただき、心のあり方が変化した方の中には、「実はダイエット自体をする必要がなかった」と気づいた方もいると思います。

そんな方でも、きっと「でも、綺麗にはなりたい！」と思っているでしょう。

心のあり方が「綺麗にならなければ愛されない」ではなく、「愛されていたとしても、純粋な欲求として綺麗になりたい」と思うことは、とても自然なことですよね。

だって、「すでに愛されている」状態で、「汚くなりたい」とは思わないでしょうから(笑)。

自然な自分が、外面的な綺麗さを求めているのならそうなるためのことをすればよいし、そこまで興味がないのであれば無理にしなくてもよい、と私は思います。

自分が素直に感じる「こういうメイクをしたい！」や「こういう服が着たい！」や「綺

麗な自分が好き！」という健康的な向上心、興味はおおいに活用して、どんどん魅力的なほうに進めばいいと思います。

そして、私が考える「綺麗」についてお話しさせていただきたいのですが、この本では、

「ダイエットをして美魔女のように綺麗になろう！」
「一生ハイヒールを履ける女になろう！」
「モデル体型になろう！」

というような、「限定された綺麗さ」を目指すことはしていません。

なぜなら、心が本当に自然で素直な状態で、「どんなものを綺麗と感じるのか？」というのは人によって違うからだと考えているからです。

そして、「すでに愛されているから」、自分が綺麗だと感じるようにすればいいと思うのです。

そのままですでに愛されているのですから、雑誌やテレビが発信する「決められた綺麗さ」に自分を当てはめようとして苦しまなくてもいいと思いませんか？

それに、「綺麗」って、色んな綺麗がありますよね？　ファッションやメイクの系統だけで見ても、美魔女のような綺麗さもあれば、ナチュラル系の綺麗さもあるし、カワイイ系、個性派系もあります。

体型で見ても、モデルさんのようなスレンダーな綺麗さもあれば、アスリートのような筋肉美の綺麗さもあるし、グラビアアイドルのような柔らかい綺麗さもありますよね。

綺麗って本当に多種多様です。どれが自分にとってしっくりくるかも、もちろん人それぞれで、素直な自分が本当に綺麗だなと感じる方向に自信を持って向かっていけばいいと思うのです。

しかし、心が素直な状態で、そういった外面的な綺麗さを磨くことにさほど興味がなく、それよりももっともっと好きなことがあって、それを心から楽しんで生きていたら、それはそれで、綺麗で魅力的ですよね？

結局、自然な自分になれば、綺麗になるしかないということなんです。

「自分は本来の自然な自分で、すでに綺麗なんだ」

と気づいてみてください。

「本当の自分はかわいくないから、綺麗じゃないからファッションもメイクも頑張らないと、愛されない」

という心のあり方を「本当の私はそのままですでに綺麗だから、そのままでも愛される」に変えてみてください。

そうして、

「私はそのままで十分綺麗！　でも、こうしたらもっともっと素敵になれるんじゃないの？」

という、純粋な興味から、ファッションやメイクなども楽しめたらいいですよね。

自然で、楽なダイエットの方法

ステップ❸に話は戻り、ここでいったん、今までのまとめをしてみると…。

私が選んだ「なりたい体質」「なりたい私」は、理想は「好きなときに、好きなものを、好きな量食べて、特別な運動をせず、楽に体型を維持できる」体質、「Ｍサイズの服を着こなせる体型、体重が安定している状態」です。

そして、通常のダイエット本で展開されている、「ダイエット方法」＝「何をどのように食べればいいか、運動はどのようにすればいいか」については、私にとってはこのような方法です。

●「好きなときに好きなものを好きな量食べる」

←「自分の楽な範囲でできるシンプルな和食を1日2回、昼と夜に食べて、朝ご飯は、食べないか、果物を少し。週に2回は外食で好きなものを食べる。いつ食べるかについては、空腹になったときに食べる」

●「特別な運動をしない」

←「一駅分歩いたり、家事をしたり、できるだけ階段を使ったりと、自分が気持ちいいと感じる範囲での運動をする」

これが、本当の私にとって、自然で、楽な、ダイエット・体型維持の方法です。

「ダイエット方法」の部分については、これからのライフスタイルの変化や、価値観の変化、体の変化、食の好みの変化などによって変わっていくかもしれません。

よいといわれるダイエット方法はこれからも次々と出てくるだろうし、健康的とされる食生活も、栄養学や医学の発展と共に変わっていく可能性も十分にあります。

でも、大丈夫。

心のあり方を変え、自分が本当になりたい体質がどういうものなのかはっきりわかると、それを実現できる方法にチャンネルが合うようになります。

「ダイエット方法」は本当に人それぞれでいいと思いますし、素直な心で、本当に自分のことをわかっていたら、自分の選択に自信を持てるようになりますよ。

ステップ❹
「ダイエットに成功してもいい心のあり方」
＋
自分が求めるゴール（なりたい体質）が明確になることで行動が変わり、ダイエットの成功がついてくる

ダイエットについての思い込みから解放されたら、行動が変わります。

行動がどう変わるのかというと、「食べすぎが改善される」＝「自分の体質の範囲内で食べられるようになる」のです。

言い換えると、「なりたい体質を実現させる行動」ができるようになるのです。

ステップ❸まで進むことによって、

「ダイエットに成功してもいい心のあり方」

＋

自分が求めるゴール（なりたい体質）が明確になっている状態で行動するわけですから、「なりたい体質を実現させる行動」をとりやすい状態になっていますよね。

なので、安心して行動を起こしていただきたいのですが、その前に、２つお伝えしておきたいことがあります。「なりたい体質を実現させる行動」ができるようになるための大切なポイントですので、ぜひしっかり理解しておいてくださいね。

①行動が変わるのには時間がかかると知っておく

心のあり方が「もう太っている必要がない」と変わっても、ときには食べすぎてしまうこともちろん起こると思います。

以前の思い込みが強かった人ほど（期間が長かった人ほど）行動がついてくるのには時間がかかる（かからない場合もありますが、かかることのほうが多いと思います）ということを知っておいてください。

また、人間の体の仕組みで、行動が変わってから実際に体が変わるのには、タイムラグがあるのはどうしても避けられないことです。

（たった数日で何キロも減量し、それが定着することや、たった数日で、食べすぎを完全

に克服することはほぼ不可能と考えてよいと思います)

でも、過去にはできなかったけど、何かをきっかけに時間をかけてでもできるようになり、今はすっかり苦労もなくできるようになったことがありませんか?

それと同じように、ダイエットにおける「行動の変化」も、完了するまでには時間がかかるということをわかっておくと安心です。

②体型のセルフイメージが変わるのには時間がかかるということを知っておく

セルフイメージとは、その名の通り、「自分は○○な人間である」という自分自身が自分に抱いているイメージのことです。

ここではセルフイメージ=自分の体型のイメージとして考えています。

ダイエットが成功した後も、しばらくは突然以前の自分のセルフイメージ(太っていた頃の自分の姿)がよみがえり、またリバウンドしてしまうんじゃないか(太っている自分に戻ってしまうんじゃないか)という不安に駆られることもあるかもしれません。

私自身も、49キロになったばかりのときに、道々ですれ違う普通体型の人を見ては、「私って、この普通体型の人と同じぐらいの体型ってこと? ほんとに? なんだか信じられない……」という気持ちになることがたびたびありました。「私は太っている」というセルフイメージがまだ残っていたようなのです。

もし、このような気持ちになってしまったら、「もう私は普通体型なんだ」や、「安心していいからね」という言葉を使ってみると、効果的だと思います。

セルフイメージはその名の通り「ただのイメージ」です。

自分の頭の中の「イメージ」に惑わされないように、しっかりと「実際の私」を見てあげることができるように、自分にかける言葉に気をつけたり、自分の写真を見たりして客観的に自分を見るようにしてみてください。

この2つのポイントを事前に押さえたうえで、いよいよ、「なりたい体質を実現するための行動」を始めましょう！

私が実際に試して効果があった「なりたい体質を実現させる行動」＝「食べすぎの改善」＝「自分の体質の範囲内で食べられるようになる」ための方法をいくつか紹介しますね。

●食べたいと思っているものを全部紙に書いてみる

文字でもいいし、絵に描ける人は描いてみてください。

客観的に見て、ちょっと多いなと思ったら、本当に、どうしても食べたいものをピックアップして、それを「優先」して食べてみましょう。

今まで「栄養バランスを考えないと！」と頑張っていた人は、好きなものを「最優先」して食べるといったような、わがままな食べ方をしてみましょう。

本当に好きなものを優先して食べるのが、実は満足度が高く、無駄なものを食べなくてすむ方法なのです。

●「空腹は怖くない」と理解する

ステップ❷までの「太っている必要がある」心のあり方を持っていた頃は、「空腹が怖い」という感覚がありませんでしたか？

その「心のあり方」が、「空腹になってはいけない（食べすぎていなければいけない）」

＝「空腹は怖い」と感じさせていたと考えられます。

しかし、「太っている必要がない」心のあり方に変われば、

「空腹でも怖くない、空腹でも大丈夫なんだ」

と思えるようになります。

しかし、以前の思い込みが強いほど（期間が長かったほど）、時間がかかる可能性があります。私がよりスムーズに、「空腹は怖くない」と理解するためにしていた行動があります。

それは、「あえて空腹時に動いたり、何かを作ったり、書いたりする」。

そう、「空腹のときに出す」行動です。

短時間でもいいので、「空腹のときにあえて、自分の中からエネルギーを出す」行動をしてみてください。歌をうたうでもいいですし、好きなことがいいですね。

私の場合は、昼食をとってからではなく、昼食をとる前にウィンドウショッピングをよくしていました。

決して、空腹時に嫌いなことをしたり、激しい運動はしないでくださいね。

空腹時の激しい運動は危険がともないますし、嫌いなことをしてしまったら、ストレスを感じて逆によけいに食べてしまうことにもつながってしまいますし、素直に体感して納得することが難しくなってしまうからです。

体がからっぽなときにあえて出すことで、「自分にはまだエネルギーがある、空腹は怖くない」ことを自分自身に気づかせてあげてほしいのです。

空腹のときに限って、食べる前に思っていたよりも意外と少ない量で満足した経験がありませんか？　体に合わせて食べると、適量で終わらせられることが多くなります。

よけいにお腹が空いて食べる量が増えてしまうのでは……という心配の声も聞こえてきそうですが、空腹への恐怖はただの思い込みですから、回数をこなして慣れていけば、どんどん体の感覚に敏感になっていき、体に合わせて食べることができるようになっていきます。

この「出してから入れる」サイクルを作ることが、食べすぎ改善に大きな効果を発揮するでしょう。

※空腹になるとふらふらする、など肉体的特徴を持っている場合は、極端な空腹にならないように、小分けにして食べるというような工夫が必要だと思いますので、ご自身の体とよくご相談されてくださいね。

●好きなものから食べて、ゆっくり食事をする

私の場合ですが、ステップ❷までの「太っている必要がある」心のあり方を持っていた頃は、その心のあり方が、インターネットを見ながらなどの「ながら食い」という行動を引き起こしていました。ながら食いをすることによって、「早食い」になり、「あまり食べ

た気がしなくておかわりをしてしまう」という状態が続いていました。

早食いであっても、何も問題が起きていなければそのままでもいいのですが、私の場合は明らかに「ながら食いによる早食い」が食べすぎを引き起こしていたので、それを改善するために、「しっかり見て食べる」ことを意識して実行しました。

そんなとき、早食いを直したいなあと思いながら、ふとグルメ番組を見ていると、レポーターの方が、出てきたオムライスの香りをまず楽しみ、オムライスの形と、スプーンで真ん中を割った断面を見て楽しみ、おもむろに一口食べ、その味や食感を何とも美味しそうにレポートしていました。

「これだ！」と思った私は、その食べ方を真似して食べるようになりました。綺麗に盛り付けをし、観賞し、香りも楽しみ、「美味しそう！」と言ってから食べる。食べている最中も何度も「美味しい！」と言う。その結果ゆっくり食べられるようになり、自然と食事の量も抑えられてきました。

また、以前は回転寿司を食べに行ったときには8～10皿ぐらいは食べていたのですが、あるときスリムな友人と一緒に行くと、6皿で「もうお腹いっぱい！」と言っていました。

そこで、次に行ったときに「今日は5皿にしてみよう」とチャレンジ。

まず、今日食べたい5皿を決めます。そして、出てきた5皿を3皿にまとめて盛ります。これで、1皿1皿食べるよりも、かなり視覚的な満足度が上がります。1皿ずつ食べる方法だと、食べているうちに回っている別のお寿司を見てしまい、今食べているものを全然見ていないので、食べすぎ・早食いを加速させてしまいます。こうして盛り付けしなおしたお寿司1カンを2口に分けて30回ずつ噛んで食べ、次にガリ・赤だし・お茶を一口ずつ。

この方法でかなり時間をかけて5皿を食べることができ、しかも目の前のものをしっかり見て味わって満腹にすることができました。以前の1皿ずつ食べて気がつくと10皿食べていた頃よりも確実に満足度は高くなり、しかもほぼ半分の食事量になりました。

これで、回転寿司に行くときも、もう「いっぱい食べてまた太る……」なんて思わなくてもよくなりました。

家での食事のときには、納豆を用意して1粒ずつ10回噛むことで、かなり食事に時間をかけられるようになり、家でも早食いで食べすぎる、ということがなくなりました。

このように、食事を五感で味わう工夫をし、満足度を高め、よく噛んでゆっくり食べることで、無駄に食べる量は確実に減らせます。いつも袋のままでパンを食べていたり、雑誌などを見ながら食べていた人は、最初は少しの努力が必要だと思います。でも、そこはちょっと頑張ってみてください。意識して繰り返すことで、行動は必ず変わります。

そして、適量の食生活が身についてきて、そのためにしていた工夫が面倒だと思えばやめても大丈夫です。

●食べすぎを防ぐ魔法の言葉

ダイエットの途中で、食べ歩きをしても次に空腹になるまで食べなければ大丈夫、と気づいたばかりの頃は、ついつい、ランチで食べ歩きをして苦しくなるまで食べてしまうことがちょくちょくあったのですが、「体がしんどくなるまで食べる」必要もないとわかりはじめ、一度に苦しくなるまで食べてしまう回数は激減しました。

なぜなら、食べすぎを防ぐ魔法の言葉を使ったからです。

それは「この味はもう知っている」という言葉です。

お気に入りの同じものを繰り返し食べてしまったり、美味しいからといってついつい大量に食べてしまったりすることは誰にでもあると思います。

もし同じものを繰り返し食べたり、大量に食べることによって、自分の体質に合わないほど食べてしまっているのであれば、それは解決したほうがいいですよね。

ではなぜ、そういう食べ方をしてしまうのでしょうか？

実は「そのときに美味しくて感じた幸せ感」をまた感じたいからではないでしょうか。

同じものを繰り返し頻繁に食べてしまう、またはそれを一度にたくさん食べてしまう場合は「この味はもう知っている」という言葉を自分にかけてみてください。

「この味はもう知っている」と自分に言い聞かせることで、また別の食べ物や、食べること以外のことへ興味を向けるサポートになります。

別の食べ物に興味が移ることで、「同じものを繰り返し食べることで起こる食べすぎ」を防ぐことができますし、食べること以外のことに興味が移ることで「食べること以外で幸せを感じるチャンス」を増やすことができます。

私にはすごく効果がありました。

●「好きなものばかり食べていても太らない」という言葉のロジックを使う

ちょっとズルい？　方法かもしれませんが、私はこの言葉をうまく利用して、「好きなものばかり食べていても太らない」方法を見つけました。

その方法は……

私は、ピザもスイーツも大好きですが、野菜も旬の魚も大好きです。

なので、野菜や旬の魚を食べる頻度を増やせば、当然健康的な食生活が中心になりますよね。これで、「好きなものばかり食べても太らない」を実現しやすくなります。

あなたが好きなものの中から、「好きだし、太りづらい食べ物」を食べる頻度を増やしてみてください。

「好きなもの（の中で太りづらいもの）を増やす」ことに意識を向けると、「好きなものを減らさないといけない」というストレスを軽減することができます。

段階別、私の食事内容の実例

私からのダイエット成功のためのアドバイス、いかがでしたか？

ここまで読んでいただいた中で、それぞれの気づきを得られたかと思います。

その気づきをもとに、自分に合った生活をしていただき、楽に維持できるゴールへと到達されるように応援しています！

そのための参考になればいいなと思い、私が今まで具体的にどんなものをどれぐらい食べていたのかを紹介しますね。

この通りに食べたらダイエットに成功するよ！　というよりも、気づきの段階によって、私の行動や食べ物、食べる量が変化していっていることに注目していただければと思います。

ダイエット・ジプシー時代の食事

- 心のあり方が「我慢して、傷ついて、太っている必要があった」頃の私
- お腹が空いていなくても、朝起きたらすぐに・食事の時間が来たらすぐに食事の準備をしていた
- ほぼ毎日間食していた
- 私にとって空腹感を感じることがほとんどないぐらいの量を食べていた
- ３食の食事内容や量はそれほどひどいものではなかったが、間食が多いことで、「太っている必要がある」心のあり方を実現させていた
- いつも食べることに罪悪感があった

朝	ご飯１膳・お味噌汁・納豆・目玉焼き
間食	トースト１枚（バターとはちみつをつける）
昼	オムライス（ご飯１膳分・卵２個）・スープ・サラダ
間食	菓子パンやコンビニスイーツを１～２個
夜	ご飯１～２膳・メイン料理（お肉だと100gぐらい） お味噌汁・野菜のおかず１～２品・冷奴　※量としては、定食屋さんの１人前ぐらいのしっかりした量 食後のデザートにアイスクリーム１個

60キロ→53キロのときの食事

- ダイエットを邪魔している心のあり方に気づき始めたばかりの頃
- 食事の時間が来たら食べていたが、間食が減ったことで、一般的な食事の時間に空腹になっていることが多くなった

朝	(午前中の間食を防ぐために少し量を増やしていた) ご飯多めの１膳・お味噌汁・納豆・目玉焼き・サラダ
間食	全くしなくなった
昼	それまでと同じ
間食	ほとんどしなかった
夜	それまでと同じ

53キロ→49キロのときの食事

- 「我慢して、傷ついて、太っている必要があった心のあり方」に気づき、それを手放した頃
- 空腹感を軽く感じているときに家事をしたり買い物に行ったりするようになった
- 空腹になってから食事の準備をするようになった
- 昼たくさん食べて夜にお腹が空かなかったら、晩ご飯を抜くこともよくあった
- 家でパンやお菓子作り、凝った料理をよくしていた
- ほとんど毎日、就寝前には軽い空腹状態になっていた

朝	ご飯半膳・卵半個・お味噌汁・サラダ
間食	なし
昼	それまでとほぼ同じ＋食後のおやつ （スイーツはやめてナッツやチーズ・ブラックコーヒー）
間食	なし
夜	ご飯なしでおかずだけの和食 （糖質を控えることを意識していた） 焼き魚・アボカド・納豆・サラダ・豆腐・おひたしなど野菜のおかずを少量で２～３品・お味噌汁 （量は、カフェのワンプレートランチぐらい）

49キロを維持している食事

- 「我慢して、傷ついて、太っていなくてもよい」「愛されるために頑張らなくてもよい」心のあり方に変化してからの食事
- 食べたいものは食べてもいいと思えるようになったことで余裕が生まれ、食べすぎることがなくなった
- 好きなものを優先して食べることで、食べる量自体が少し減った
- 食べたいスイーツがあれば食べるなど、以前より「頑張っていない食生活」でも体型をキープできるようになった

朝	食べないか、果物（みかん１個orりんご半個ぐらい）
間食	なし
昼	シンプルな和食 卵かけご飯１膳・お味噌汁・納豆・サラダ+食後のおやつにブラックコーヒー・ナッツorチーズ ※気になるスイーツがあれば、昼食後のおやつに食べることもある。頻度は週１回ぐらい
間食	なし
夜	（大好きなお米を食べるようにしたことで、食事の量自体が少し減った） ご飯軽めの１膳・焼き魚orメインがお肉のときはお肉100gぐらい・お味噌汁・おひたしなど、野菜のおかずを少量で２品ぐらい

おわりに

「我慢をやめて食べたいものを自由に食べて、ダイエットを成功させ、リバウンドせずに楽に体型を維持すること」

そして、「そういう体質になる」

本当にそんなことができるの？　信じられないんだけどな……

と初めは疑っておられたあなた。読んでみていかがでしたか？

私は、自分自身でそれが可能だと証明し、もちろんこれを読んでくださっているみなさんにもできると信じています。

私は、ダイエットの悩みを解決しようとした過程で、食生活の改善や運動といった従来のダイエット方法よりも、「その根底にある心のあり方」を見つめることを重視しました。

そして、

「太っていて傷ついていたほうが愛される」

「頑張って自分の価値を上げないと愛されない」

という心のあり方を持っていると気づき、すでに愛されていたと知ることによって、それが映し出していた長い悪夢から目が覚め、

「太っている必要がなくなり」

「頑張って自分に価値づけしようとしなくてもよくなった」

のです。

これに気づくために、私はずいぶんと遠回りしてしまいました。

しかし、この経験のおかげで、ダイエット・ジプシーから卒業することができ、「我慢をやめて食べたいものを自由に食べて、ダイエットを成功させ、リバウンドせずに楽に体型を維持すること」

そして、「そういう体質になる」ことができたのです。

自分の心のあり方に気づいていく過程は、苦しいこともありましたが、楽しくもありました。苦しい部分も、今となっては、決して無駄な苦しみではなかったと感じています。過去の自分に対しても「よく耐えてくれたね」と肯定することができるようになりました。

ダイエットを通して気づきを得る前の私は、いつも自分を傷つけていたせいで、過剰な癒しを求めていました。

マッサージ、カウンセリング、占い……。

でも、好き放題そういうものにお金を使うわけにもいかず、いつも「もっとお金があったら、楽しめるし、癒されるのに」と思っていました。

（ここでもまた、「我慢して自分を傷つける」をやっていたのですね）

でも、「愛されるために何かしなくてもよい、なぜならすでに愛されているから」と気づき、過剰に自分を癒す必要のなくなった私は、興味のあるジャンルの雑誌を読むとか、掃除しながらインテリアのことを考えるとか、ウィンドウショッピングとか、食材についての勉強をするとか、普段の生活の中でできることがとても楽しくなりました。

「もっとお金があったら、楽しめるのに……」という気持ちは、いつの間にかすっかりなくなりました。

自分でも本当に不思議なぐらい、日常が楽しいことでいっぱいになり、今目の前にある生活の中で、わくわく、楽しく、いきいきと生活できるようになりました。


それまでの私はダイエットの悩みと同時に、自分の生き方、人生そのものに対しても「不自然で不自由」な感覚をずっと抱いていました。楽しいこともそれなりにあるけれど、何をしても「何かが違う」ような気がしたり、「自分の居場所は別のところにあるのではないか」という不満を抱いていたり、何とも言えない「不自然感」にさいなまれていました。

「やせたら楽しいし幸せだろうなあ……」と、自分の心のあり方に気づかないまま、いつも今に不満を抱えながら、「人生うわのそら」状態で、実は愛に満ちた幸せな毎日に気づかずに過ごしてしまっていました。


でも私は、ダイエットを通して、自分の心のあり方を見つける方法を知り、本当の自分の気持ちをわかることができるようになったおかげで、いつも、「自分で自分のことがわからない」という違和感を抱えていて、幸せを外に求めることから卒業することができ、「本当の私は何が好きで、何がしたいのか」がはっきりわかるようになりました。

そして、愛されるためにしないといけないと思い込んでいた「太っていること」「頑張ること」から解放され、それに使っていた時間とエネルギーを本当に自分がしたいことをするために使えるようになり、私はついに、本当の自分の人生を歩み始めることができたのです。

ところが、ダイエットに成功しても、生活の中では色んなことが起こります。

辛いこと・悲しいこともちろん起こります。

それに、やせたからといって、どんな服でも似合うようになるわけではないですし、完璧な美しさが手に入るわけでもありません。

でも、もう大丈夫。

なぜなら、「私はすでに愛されていて、幸せだから」。

大袈裟に思われるかもしれませんが、ダイエットを通して得たこの気づきのおかげで、ダイエット・ジプシーからの卒業を決意したときに美容室でイメージした「ショートカットですっきりした体型」の私に本当になれただけでなく、人生自体が大きくよい方向に変わりました。

私はこれからも、この言葉を胸に、人生を安心して歩んでいきたいと思っています。

私のこの体験が、ダイエットに悩んでいる方に少しでもお役に立てれば、これほど嬉しいことはありません。

和田ゆみこ

〈著者略歴〉

心屋仁之助（こころや・じんのすけ）

「自分の性格を変えることで問題を解決する」という「性格リフォーム」心理カウンセラー。

大手企業の管理職として働いていたが、自分や家族の問題がきっかけとなり、心理療法を学び始める。

現在は京都を拠点として、全国各地でセミナー活動やカウンセリングスクールを運営。

その独自の「言ってみる」カウンセリングスタイルは、たったの数分で心が楽になり、現実まで変わると評判。

著書の累計は、280万部を突破。『一生お金に困らない生き方』『「好きなこと」だけして生きていく。』『心が凹んでも、大丈夫になる日めくり』（以上、ＰＨＰ研究所）、『心屋仁之助のなんか知らんけど人生がうまくいく話』（王様文庫）、『ゲスな女が、愛される。』（廣済堂出版）などベストセラーが多数ある。

公式ホームページ「心屋」で検索

http://www.kokoro-ya.jp

公式ブログ「心が　風に、　なる」

http://ameblo.jp/kokoro-ya/

和田ゆみこ（わだ・ゆみこ）

大学卒業後、大手企業のお客様相談室に勤務。現在は、夫と息子との3人暮らし。仕事でのクレーム対応や自身の悩みや問題に向き合う中、心理学・精神世界・自己啓発の本に出会い、独学を続ける。幼少期より抱えていたダイエットの悩みの原因が「心のあり方」にあることに気づき、人生最大の悩みを克服。同じ悩みを抱える人たちに自身の経験を伝えたい一心で、ダイエット体験記を執筆することを決意。

ブログ「満ち満ち日記」

http://ameblo.jp/michimichi-nikki/

一生太らない生き方
ココロでやせるダイエット

2016年1月5日　第1版第1刷発行
2016年4月28日　第1版第6刷発行

著　　者　心屋仁之助
　　　　　和田ゆみこ
発行者　安藤卓
発行所　株式会社ＰＨＰ研究所
京都本部　〒601-8411　京都市南区西九条北ノ内町11
文芸教養出版部　☎075-681-5514（編集）
東京本部　〒135-8137　江東区豊洲5-6-52
普及一部　☎03-3520-9630（販売）
PHP INTERFACE　http://www.php.co.jp/
組　　版　朝日メディアインターナショナル株式会社
印刷所
製本所　凸版印刷株式会社

ISBN978-4-569-82849-7

PHPの本

一生お金に困らない生き方

心屋　仁之助　著

お金は、「労働の対価」ではなく、自分自身の「存在給」として受け取るもの。お金に対するイメージを変えて、豊かになる方法を紹介。

定価　本体一、二〇〇円（税別）

PHPの日めくり

心が凹んでも、大丈夫になる日めくり

心屋 仁之助 著

心がへこんだ時も、勇気がほしい時も、毎日あなたのそばで応援してくれる！ 31の直筆メッセージと、ほんわか解説を収録した日めくり。

価格 本体一、〇〇〇円（税別）